いちばん最初の
ネイティブ
英会話
フレーズ
2000

スーパーCD 3枚付き

メディアビーコン 編著

西東社

はじめに

　本書を手に取っていただき、ありがとうございます。

　本書は「英語が苦手だけど、もうちょっと話せるようになりたい！」「海外旅行に行ったときに、もう少し英語を話したい！」と考えているあなたのために、ネイティブが使うシンプルな表現で作ったフレーズ集です。

　英語というと難しいイメージがあるかもしれませんが、実は、ネイティブが日常会話で使う英語はとてもシンプルで簡単なのです。たとえば、同僚から「Do you have a moment?（今、お時間よろしいですか？）」と話しかけられたとき、「今、ちょっと手が離せません」と返したいとします。このような状況では、「I'm a bit busy now.」で伝わります。とてもシンプルでわかりやすいですよね。

　本書は、すべてのフレーズに、通常のスピードで収録した音声のほかに、少しゆっくりの0.85倍速、少し速めの1.3倍速の音声も収録しています。さらに、フレーズの聞きとりと書きとりができる確認問題が収録されたCD-ROMが付属されているので、実際にネイティブの発音でフレーズを聞き、確認問題を解くことで学習成果をチェックすることもできます。

　本書を活用することで、肩ひじを張らずに、気軽に、楽しくネイティブの英会話を学ぶことができますように。それが私たちの願いです。

もくじ Contents

本書の見方 …………………… 6
CDのしくみ …………………… 8
DISC3の操作の進め方 …………… 9
テストページの使い方 …………… 10

Chapter 1 基本の会話　11 ≫ 48

ミニ会話 ▶ 友人とばったり会う …………………… 12

あいさつ …………… 14
お礼 ………………… 20
おわび ……………… 22
あいづちを打つ …… 24
気持ち ……………… 26
自己紹介 …………… 45

Chapter 2 身近な話題　49 ≫ 80

ミニ会話 ▶ 夏休みの計画 …………………… 50

天気 ………………… 52
災害・事故 ………… 58
季節 ………………… 64
季節のイベント …… 66
お祝い ……………… 74
性格・容姿 ………… 76

Chapter 3 日常生活　81 ≫ 144

ミニ会話 ▶ ホームステイ先にて …………………… 82

1日のはじまり …… 84
学校 ………………… 92
会社 ………………… 100
1日のおわり ……… 130
休日 ………………… 140

Chapter 4　旅行

145 »» 208

ミニ会話　ホテルのフロントにて …… 146

旅行の準備をする … 148	食事 …… 178
空港 …… 152	ショッピング … 188
ホテル …… 158	おみやげを買う … 196
観光 …… 166	おみやげを送る … 199
交通手段 …… 172	アクシデント …… 200
道案内 …… 176	帰国 …… 208

Chapter 5　レジャー・娯楽

209 »» 240

ミニ会話　おたがいの趣味 …… 210

鑑賞・観賞 …… 212	趣味 …… 234
レジャー …… 218	ネットショッピング … 239
アウトドア …… 222	返品・クレーム … 240
スポーツ …… 226	

Chapter 6　テーマ別の会話

241 »» 278

ミニ会話　日本食を紹介する …… 242

人生 …… 244	おもてなし …… 268
美容・健康 …… 250	社会問題 …… 276
IT …… 254	数字・単位 …… 278
日本の紹介 …… 258	

逆引き　さくいん …… 279

本書の見方

本書は2000のフレーズを、場面ごとに6つの章にわけています。
各章の冒頭にはミニ会話ページがあり、フレーズを実際の会話でどのように使うのか見ることができます。必要なものには、注釈やアイコンをつけています。ここでは、それぞれの表示の意味を説明します。

ミニ会話について

- 会話の場面

- その章の中で実際に載っているフレーズから抜粋
- そのフレーズが載っているページとフレーズ番号

フレーズについて

日本語と英語のフレーズ　　CD番号とトラック番号

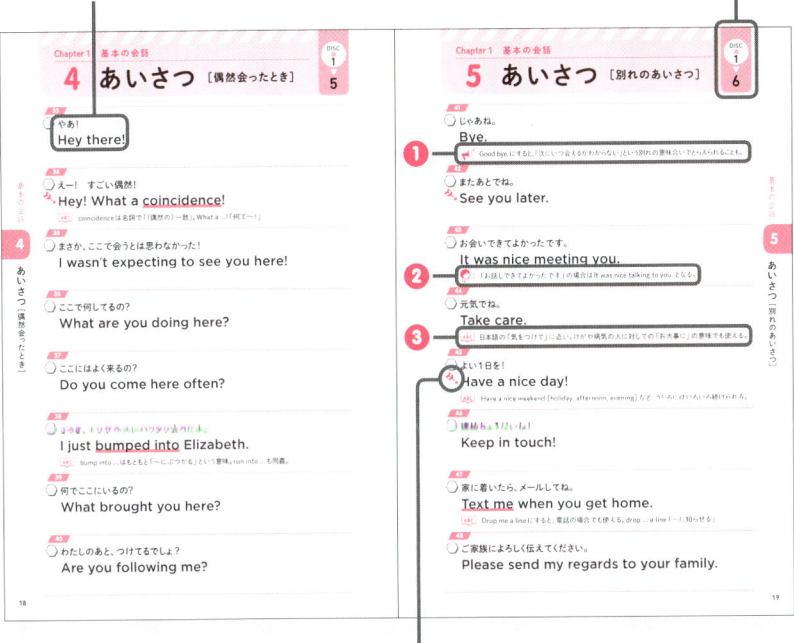

🖍 よく使うフレーズ

❶ 📢 注意すべきもの
日本人の感覚だと言い間違えてしまいがちな表現など、注意すべきものの説明。

❷ 👩‍🦱 言い換え表現
そのフレーズを、同じ意味のままで言い換えた表現の説明。

❸ 🔤 語句の意味
フレーズ内の、重要な単語やイディオムなどの説明。

本書にはCDが3枚付いています。DISC1～2はオーディオCD、DISC3はそれに加え、CD-ROM機能もあります。

DISC1 ～ 3 の内容

DISC1～2とDISC3のオーディオCD部分には、本書のフレーズを収録。

DISC 1 P12～P144のフレーズ

DISC 2 P146～P240のフレーズ

DISC 3 P242～P278のフレーズ

パソコンで使うDISC3のCD-ROM部分には、次の❶～❸のコンテンツが収録されています。

❶ **パソコンの画面上で勉強できる確認テスト**
❷ **通常スピードと、0.85倍速、1.3倍速の低速&高速リスニング音声 (mp3形式)。** ＊英語のみ
❸ **iPodやiPhoneで聴くことができるオーディオブックデータ(m4b形式)。**

パソコンのCD/DVDドライブにセットして使います(Windows、Macintoshの両方に対応)。

DISC 3のOS別の使い方

Windows 7の場合
1. CDをドライブにセットすると「自動再生ウィンドウ」が現れます。
2. 「オーディオCDのオプション」(オーディオCDの再生)をクリックすると、Windows Media Playerなどの再生ソフトが起動し、音声CD部が再生されます。「拡張コンテンツの実行」のENGLISH.EXEの実行をクリックすると、CD-ROM部のトップメニューが表示されます。

Windows 10の場合
1. CDをドライブにセットして、スタートメニューからエクスプローラーを選択します。
2. 「PC」「CD/DVDドライブ：ネイティブ英会話フレーズ2000」アイコンをクリックするとアプリ画面が開きます。

[アプリ画面が開かないとき]
1. 「CD/DVDドライブ：ネイティブ英会話フレーズ2000」アイコンを右クリック。
2. 「自動再生を開く」「ENGLISH.EXEの実行」をクリックします。

Macintoshの場合
1. CDをドライブにセットすると、「オーディオCD」と「ネイティブ英会話フレーズ2000」の2つのアイコンが表示されます。
2. iTunesなどの音声再生ソフトを起動すると、音声CD部が再生されます。
3. 「ネイティブ英会話フレーズ2000」のアイコンをクリックし、その中にある「ENGLISH.app」をダブルクリックすると、CD-ROM部のトップメニューが表示されます。

動作確認済みのOS／CD-ROM部、動作確認済みOSは、Windows7、Windows10、およびMacintosh OS 10.8となります。

DISC3の操作の進め方

DISC3のCD-ROM部分に収録されているコンテンツの使い方を見ていきます。

音声を聴く場合は「音声を聴く」ボタンを、テストを受ける場合は「テストを受ける」ボタンをクリックします。

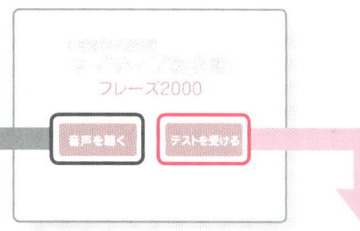

「通常スピード」「0.85倍」「1.3倍」「オーディオブックデータ」から、目的のボタンを押します。
＊「戻るボタン」を押すと、TOP画面に戻ります。

0.85倍 音声がゆっくり聞こえるので、単語の発音をしっかり聞くことができます。

1.3倍 ネイティブが話すよりやや速いので、この速度に慣れてから通常速度で聞くと、ネイティブの音声もしっかり聞き取れます。

1 Chapterを選択する

勉強したいChapterを選びます。ボタンの右端に本書の該当ページを記載しています。
＊「戻るボタン」を押すと、TOP画面に戻ります。

2 項目を選択する

勉強したい項目を選びます。ボタンの右端に本書の該当ページを記載しています。
＊「戻るボタン」を押すと、1の画面に戻ります。

テストを受ける
くわしいテストページの使い方はP10へ

テストページの使い方

テストページの使い方を見ていきます。

音声ボタン

この音声ボタンをクリックすると、ネイティブの発音でフレーズを聴くことができます。

パソコンのTabキーを押すと、カーソルが次のフレーズの音声ボタンに移動。そのままスペースキーを押せば、そのフレーズの音声が聴けます。片手で簡単に操作できるので、テスト用紙に答えを埋めながらの学習にもぴったりです。※パソコンの入力設定を英語入力にしてお使いください。

気持ち [うれしい・楽しい]

すごくうれしい！
I'm __ ____!

これ、楽しい！
____ !

あなたはいつもわたしを喜ばせてくれるね。
You always ___ me ____.

すごく満足しています。
I'm ____ a great time.

うれしすぎて、空も飛べそう！
I'm __ happy ____ I could fly!

すごく楽しかったです。
I really ____ a good time.

ぼくはついてるなあ。
I'm a ____ boy.

楽しんで！
____ fun!

うそみたい！
This ____ be real!

旅行、楽しんできてね。
____ the trip.

言葉にならないくらいうれしいよ。
I'm happy ____ ____.

何が一番楽しかった？
What did you ____ __ ___ ?

わたしは世界一幸せだよ。
I'm the _____ girl in the world.

彼は仕事を楽しんでいるみたいだね。
He ____ __ __ enjoying his work.

最高にうれしい。
I couldn't be ____ .

楽しんでる？
Are you _____ ?

音量
右に向かうに連れ、音量が大きくなります。

前頁へ
同じ項目内の前ページの画面がでます。

次頁へ
同じ項目内の次ページの画面がでます。

戻る
P9に紹介している「2 項目を選択する」の画面に戻ります。

問題用紙の印刷
ボタンをクリックすると、パソコンに接続してあるプリンターから問題用紙をプリントできます。実際に答えを書き込むことで、記憶の定着やフレーズを覚える勉強にも役立ちます。

解答の表示
ボタンをクリックすると、下線の部分に解答が表示されるので、答えをすぐに確認できます。
＊フレーズによっては、別の答えが考えられる場合もありますが、本書と同じ語句が表示されます。

Chapter

1

基本の会話

あいさつや、気持ちを伝える表現、自己紹介のフレーズを学習します。
会話のキャッチボールの1球目です。
感情をこめて、声に出して練習しましょう。

Chapter 1 ミニ会話

場面 友人とばったり会う

Long time no see!
久しぶりだね!
P17
25

Hey! What a coincidence!
えー! すごい偶然!
P18
34

What's up?
調子はどう?
P15
11

Couldn't be better.
すごく元気だよ。
P15
9

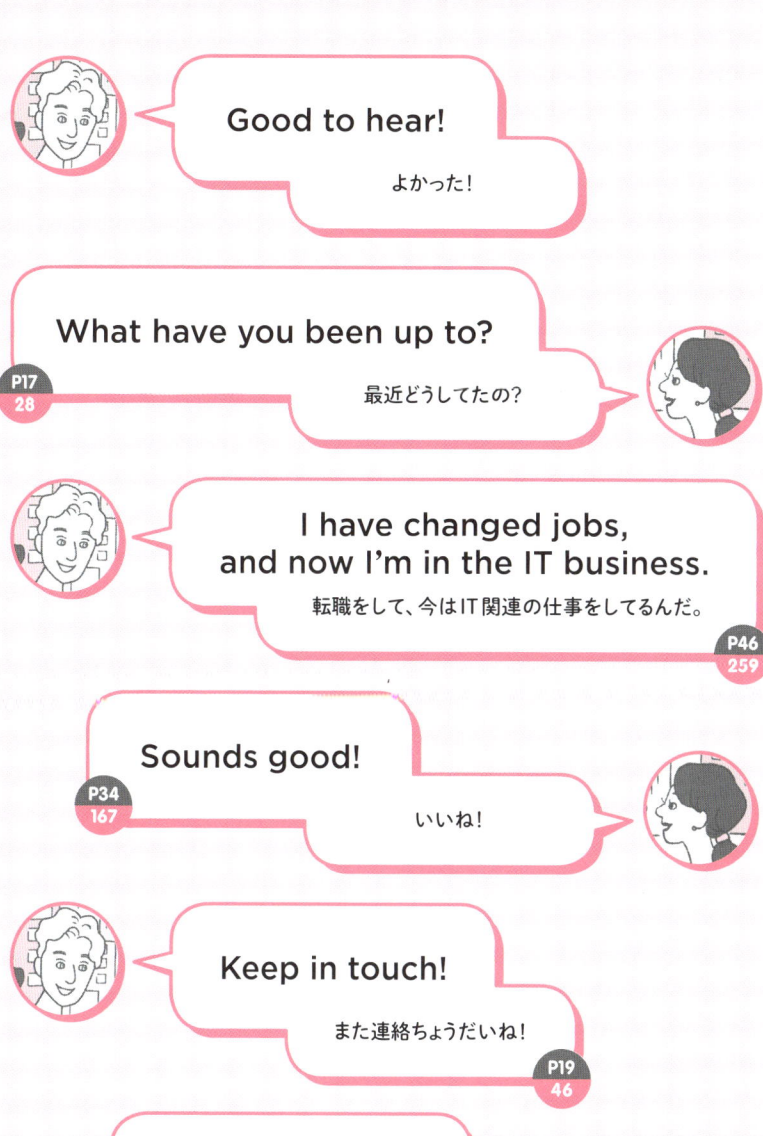

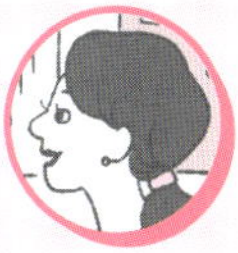

Chapter 1　基本の会話

1 あいさつ [日常のあいさつ]

1
○ こんにちは。
Hello.

2
○ やあ!
Hi!

3
○ やあ、みんな!
Hi, guys!
ABC このguysは、男女関係なく使われる。女性のみのグループに対しては、girlsやladiesと言うことも。

4
○ おはよう。
Good morning.
Good afternoon.「こんにちは」、Good evening.「こんばんは」

5
○ 元気?
How are you?
久しぶりに会う人に対しては、How have you been? と言う。

6
○ うん、元気!
Fine, thanks!

7
○ 調子どう?
How are you doing?

8
○ いい感じです。
I'm doing well.

9
○ すごく元気だよ。
Couldn't be better.

10
○ きみはどう?
And you?

11
○ どうしてる?
What's up?

12
○ ぼちぼちだよ。
Not much.

ABC 「特に何もないよ」という意味で、What's up?に対する返答としてよく使われる。

13
○ まあ普通かな。
I'm OK.

14
○ 悪くないかな。
Not too bad.

15
○ 忙しくしてる?
Keeping busy?

16
○ 相変わらずだよ。
Same as usual.

より親しい間柄に対しては、Same old same old.とも言う。

Chapter 1　基本の会話

2　あいさつ ［近況を尋ねる］

17

○ 最近、調子どう?
So, how's it going?

　How's life? / How's life treating you?

18

○ まあまあかな。
Not bad.

19

○ 絶好調だよ。
Better than ever.

　ABC　than ever「今までよりも、かつてないほど」。「今までよりもいい」→「絶好調」という意味。

20

○ ご家族はみんな元気?
How's your family?

21

○ みんな元気です。
They are doing great.

22

○ 仕事の調子はどう?
How's your job going?

23

○ 何か変わったことない?
What's new?

24

○ みんなどうしてる?
How's everybody doing?

Chapter 1　基本の会話

3 あいさつ ［久しぶりの再会］

25
○ 久しぶりだね！
Long time no see!

> フォーマルな表現にしたければ、It's been a long time.「お久しぶりですね」。

26
○ 元気にやってる？
How's everything?

27
○ 会えてうれしいよ！
Good to see you!

> Good to see you again!

28
○ 最近どうしてたの？
What have you been up to?

29
○ 何か雰囲気変わったね。
You look different.

30
○ 全然変わらないね！
You haven't changed a bit!

> 相手の姿がとても変わっていたら、You've changed a lot!「かなり変わったね！」と言う。

31
○ 最後に会ったのいつだっけ？
When was the last time we met?

32
○ もっと連絡取り合おうよ。
We should <u>keep in touch</u> more often.

> ABC　keep in touch「連絡を取り合う」。stay in touchも同じ意味。

Chapter 1　基本の会話

4　あいさつ　[偶然会ったとき]

33
○ やあ!
Hey there!

34
○ えー!　すごい偶然!
Hey! What a coincidence!
　coincidence は名詞で「(偶然の) 一致」。What a ...!「何て〜!」

35
○ まさか、ここで会うとは思わなかった!
I wasn't expecting to see you here!

36
○ ここで何してるの?
What are you doing here?

37
○ ここにはよく来るの?
Do you come here often?

38
○ さっき、エリザベスにバッタリ会ったよ。
I just bumped into Elizabeth.
　bump into ... はもともと「〜にぶつかる」という意味。run into ... も同義。

39
○ 何でここにいるの?
What brought you here?

40
○ わたしのあと、つけてるでしょ?
Are you following me?

Chapter 1 基本の会話

5 あいさつ [別れのあいさつ]

41

○ じゃあね。

Bye.

> Good bye. にすると、「次にいつ会えるかわからない」という別れの意味合いでとらえられることも。

42

○ またあとでね。

See you later.

43

○ お会いできてよかったです。

It was nice meeting you.

> 「お話しできてよかったです」の場合は It was nice talking to you. となる。

44

○ 元気でね。

Take care.

> ABC 日本語の「気をつけて」に近い。けがや病気の人に対しての「お大事に」の意味でも使える。

45

○ よい1日を!

Have a nice day!

> ABC Have a nice weekend [holiday, afternoon, evening] など、うしろにはいろいろ続けられる。

46

○ 連絡ちょうだいね!

Keep in touch!

47

○ 家に着いたら、メールしてね。

Text me when you get home.

> ABC Drop me a line にすると、電話の場合でも使える。drop ... a line「〜に知らせる」

48

○ ご家族によろしく伝えてください。

Please send my regards to your family.

Chapter 1 基本の会話

6 お礼 [お礼を言う]

49
○ ありがとうございます。
Thank you.
> 友人などの親しい間柄などでは、よりくだけた言い方のThanks.を使うことが多い。

50
○ 本当にありがとう。
Thank you so much.

51
○ 恩に着るよ!
I owe you one!
> 「あなたに1つ借りている」という意味から転じて「恩に着ます」や「ありがとう」の意味。

52
○ 助かるよ!
I appreciate it!

53
○ きみのおかげで救われたよ。
You've saved my life.

54
○ きみのおかげで幸せな気持ちになったよ。
You've made my day.
> 幸せな気持ちが今も続いているなら現在完了形、単に過去の話であればYou made my day.

55
○ 一杯おごるからね!
I'll buy you a drink!

56
○ きみの助けなしにはできなかったよ。
I couldn't have done it without your help.

Chapter 1　基本の会話

7　お礼　[お礼を言われたとき]

57
〇 いいよ！
No problem!

58
〇 気に入ってくれてうれしい。
I'm glad you liked it.
> 物をあげたときのお礼の返事によく使われる。

59
〇 どういたしまして。
You're welcome.
> You're most [always] welcome. にすると「とんでもございません」や「いつでもどうぞ」の意味。

60
〇 光栄です。
My pleasure.
> It's my pleasure.

61
〇 どうってことないよ。
It's nothing.

62
〇 貸しだからね！
You owe me one!
> I owe you one! (→P20-51) の逆。

63
〇 お安い御用です！
Anytime!

64
〇 構いませんよ。
That's okay.

Chapter 1 基本の会話

8 おわび [謝る]

65

○ ごめん!
Sorry!

66

○ 本当にすみません。
I'm so sorry.

67

○ 申し訳ございませんでした。
I apologize.

> I sincerely apologize ... にするとかなりていねいな表現で、ビジネスシーンなどでも使える。

68

○ そういうつもりじゃなかったんだ。
I didn't mean it.

> ABC mean「(言葉などを) 〜のつもりで言う」

69

○ 許してくれる?
Can you forgive me?

70

○ 申し訳ないけど、それはできないよ。
Sorry but I can't do that.

71

○ 失礼しました。
Excuse me.

72

○ 遅くなってごめんなさい。
Sorry for being late.

> ABC sorry for ...「〜してごめんなさい、〜を申し訳ないと思う」

Chapter 1　基本の会話

9　おわび ［謝られたとき］

DISC 1 ▼ 10

73
○ 気にしないで。
No worries.
< Never mind. / Please don't mention it.

74
○ 大丈夫。
It's alright.

75
○ いいですよ。
Apology accepted.
ABC　Your apology has been accepted. が省略されてこの表現になっている。

76
○ もうやらないでよ。
Don't do it again.

77
○ よくあることだよ。
It happens.

78
○ 次は気をつけてね。
Be careful next time.

79
○ ごめんじゃすまないよ。
Sorry isn't enough.
< Sorry doesn't cut it. でも同じ意味。cut it「足りる、満足のいく状態である」

80
○ 誰でもミスはするよ。
Everybody makes mistakes.

Chapter 1　基本の会話

10　あいづちを打つ

81
○ うんうん。
Uh-huh.

82
○ なるほどね。
I see.

83
○ そうなの?
Is that so?

84
○ びっくり!
Oh my God!

軽々しくGod「神様」を使うべきではないと考えるネイティブも。その場合はOh my goodness!

85
○ そのとおり!
Exactly!

Absolutely! / Definitely!

86
○ うそ!
No way!

No wayは「ありえない、無理」の意味のほかに「すごいね」というポジティブな意味でも使える。

87
○ 本当に?
Seriously?

Really?

88
○ 何だって?
What?

10 あいづちを打つ

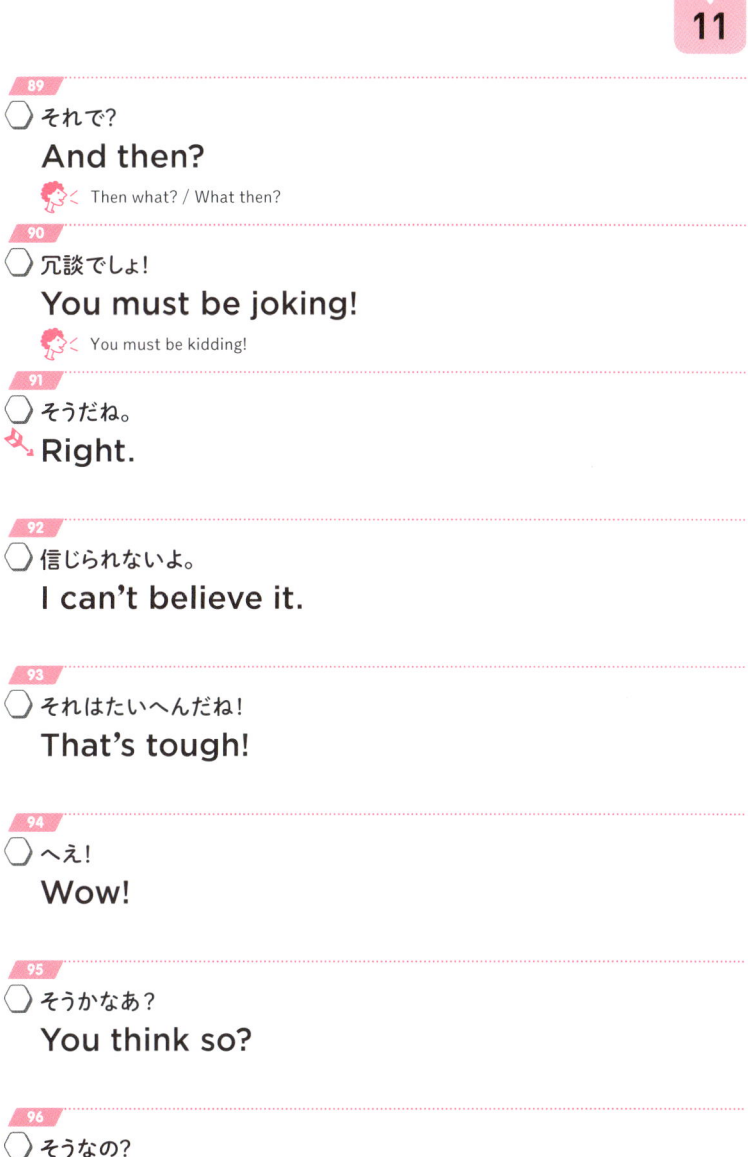

89 それで?
And then?
Then what? / What then?

90 冗談でしょ!
You must be joking!
You must be kidding!

91 そうだね。
Right.

92 信じられないよ。
I can't believe it.

93 それはたいへんだね!
That's tough!

94 へえ!
Wow!

95 そうかなあ?
You think so?

96 そうなの?
Is it?
主語がitの文に対して言うときに使う。ほかにはI do ... → Do you?、She was ... → Was she?など。

Chapter 1 基本の会話

11 気持ち ［好き・嫌い（いい・悪い）］

97
○ これ、大好き！
I love it!

98
○ 彼、けっこう好みにうるさいんだよね。
He is quite fussy.
> fussy「うるさい、気難しい」

99
○ これは、わたしの好みじゃないな。
This is not for me.
> This is not my type.

100
○ 彼女、あのバンドに夢中なの。
She is crazy about that band.
> She is into that band.

101
○ 彼には我慢ならない。
I can't stand him.
> standをbearにしても「我慢ならない」という意味だが、より文語的になる。

102
○ こういうのけっこう好きかな。
I quite like these.

103
○ 彼のこと、本気で好きなんだ。
I'm in love with him.
> 恋に落ちたときはI fell in love with him.「彼に恋したんだ」と言う。

104
○ 彼のこと嫌いなんだ。
I don't like him.

105
彼のことは大嫌いだよ。
I hate him.
hate のほうが don't like よりも嫌いという感情を強く表す。

106
わたしたち、相性いいよね。
We get along wonderfully.

107
彼女とは性格が合わない。
I don't get along with her.
get along with ...「〜とうまくやる、仲良くする」

108
彼のスタイル、好きだな。
I like his style.

109
彼女の洋服の趣味、好きじゃないんだよね。
I don't like her taste in clothes.
taste は食べものの「味、味覚」以外にも、ファッションなどの「趣味、好み」という意味もある。

110
別に、彼のこと嫌いじゃないよ。
I like him well enough.

111
アルコールは体質的に無理なんだ。
Alcohol doesn't agree with me.

112
わたし、チョコレート中毒なの！
I'm a chocoholic!
-holic は「〜中毒」という意味。workaholic「仕事中毒」、alcoholic「アルコール中毒」

Chapter 1　基本の会話

12 気持ち [うれしい・楽しい]

113
○ すごくうれしい!
I'm so happy!

114
○ あなたはいつもわたしを喜ばせてくれるね。
You always make me happy.

115
○ うれしすぎて、空も飛べそう!
I'm so happy that I could fly!

ABC　so ～ that ... で「あまりに～なので...だ」という意味。

116
○ ぼくはついてるなあ。
I'm a lucky boy.

I'm a lucky man とも言える。女性であれば I'm a lucky girl [woman]. となる。

117
○ うそみたい!
This can't be real!

118
○ 言葉にならないくらいうれしいよ。
I'm happy beyond words.

Words can't describe how happy I am.

119
○ わたしは世界一幸せだよ。
I'm the happiest girl in the world.

120
○ 最高にうれしいよ。
I couldn't be more pleased.

ABC　直訳「わたしはこれ以上うれしい気持ちになれない」→「最高にうれしい」という意味。

121
○ これ、楽しい!
This is fun!

122
○ すごく満喫しています。
I'm having a great time.

123
○ すごく楽しかったです。
I really had a good time.
　I really enjoyed myself. / I had a lot of fun.

124
○ 楽しんで!
Have fun!

125
○ 旅行、楽しんできてね。
Enjoy the trip.

126
○ 何が一番楽しかった?
What did you enjoy the most?

127
○ 彼は仕事を楽しんでいるみたいだね。
He seems to be enjoying his work.
　It seems he is enjoying his work.

128
○ 楽しんでる?
Are you having fun?

Chapter 1　基本の会話

13 気持ち ［おもしろい・すばらしい］

DISC 1 ▶ 14

129

○ おもしろい！
That's funny!

130

○ 笑いすぎて、おなか痛いよ。
I laughed so much, my tummy hurts.

131

○ 彼、すごくおもしろいよ。
He is hilarious.

132

○ おなかを抱えるほど笑ったよ！
I laughed my head off!

133

○ すごい！
That's amazing!

　Awesome! / Excellent! / Cool!も「すごい！」「最高！」といった意味。

134

○ あの映画とてもおもしろかったよ。
That movie was really <u>entertaining</u>.

　ABC　entertainingは映画などの娯楽を対象として使う。

135

○ 彼は本当にすばらしい**画家**だね。
He is truly a <u>brilliant</u> artist.

　ABC　brilliant「(人・考えなどが) すばらしい、優秀な、(宝石・日光などが) 光り輝く」

136

○ すばらしい景色だね。
It's <u>splendid</u> scenery.

　ABC　splendid「すばらしい、豪華な、華麗な」

Chapter 1　基本の会話

14 気持ち ［ほめる］

DISC 1 ▼ 15

137
○ いい仕事したね。
You did a great job.
 Great job! / Good job!だけでも通じる。

138
○ よくやった！
🗨 **Well done!**

139
○ きみはすごいね！
I'm proud of you!
ABC 直訳は「きみを誇りに思う」だが、ネイティブは「すごいね！」と同様のニュアンスでよく使う。

140
○ きみって最高！
You're amazing!

141
○ 完璧だよ！
That's perfect!

142
○ その靴、素敵だね。
I love your shoes.
 着ている物全体をほめたいときは、I love your outfit.「その服、素敵だね」。

143
○ 髪型、いかしてるね！
Nice hairdo!
ABC hairdo「髪型」。hairstyleとも言う。

144
○ そんなおだてないで。
Don't flatter me.

基本の会話

14
気持ち［ほめる］

31

Chapter 1　基本の会話

15　気持ち［はげます］

145
○ その調子でがんばれ!
Keep up the good work!

146
○ もう少しだよ!
Way to go!
　ABC　That's the way to go! の That's the が省略された表現。

147
○ きみならできる!
You can do it!

148
○ 大丈夫だよ!
It'll be all right!

149
○ がんばれ!
Go for it!

150
○ 元気出して!
Cheer up!

151
○ 諦めないで!
Don't give up!

152
○ 無理しないでね。
Take it easy.
　ABC　Take it easy. は「じゃあね」という別れ際のあいさつとして使われることもある。

Chapter 1 基本の会話

16 気持ち [楽しみ・期待する]

153
○ すごく楽しみ!
I'm so excited!

154
○ すごく楽しみにしています。
I'm <u>looking forward to</u> it.
> 「〜をとても楽しみにしている」。うしろに動詞を続ける場合は、<動詞のing形>にする。

155
○ 待ちきれない!
I <u>can't wait</u>!
> can't wait「待ち遠しい」。I can't wait to see you!「あなたに会うのが待ち遠しい!」

156
○ 興奮して、昨日は眠れなかった。
I was so excited that I couldn't sleep last night.

157
○ ずっとこの瞬間を夢見てきたんだ。
I was dreaming of this moment all my life.

158
○ 絶対いいはずだよ!
It <u>should</u> be great!
> ここでのshouldは「〜すべき」という意味ではなく、「〜なはずだ」という意味。

159
○ やっと週末だ!
Finally the weekend!
> It's the weekend at last! とも言える。at last は「ついに」という意味。

160
○ きみがいい仕事をするのを期待しているよ。
I'm <u>counting on</u> you to do a great job.
> count on ...「〜に期待する、〜を頼りにする」

Chapter 1 基本の会話

17 気持ち [肯定]

DISC 1 ▸ 18

161

○ 確かに!
You're right!

162

○ わたしもそう思う。
I agree.

> 相手に対して強い肯定を示す場合は、I totally agree (with you).「まったくもって同感です」。

163

○ それいいね。
I like your idea.

164

○ いいんじゃない?
Why not?

165

○ 大賛成です。
I couldn't agree more.

> ABC 直訳「私はこれ以上賛成することはできない」→「大賛成です」という意味。

166

○ いいね!
Great!

167

○ いい感じ!
Sounds good!

168

○ よさそうだね。
Looks good.

Chapter 1　基本の会話

18　気持ち［否定］

169
○ それは違うと思う。
I don't agree.

170
○ それはいや。
I don't like it.

171
○ 何が言いたいの?
So what?

📢 語気を強めて言うと、相手の意見に賛同せず「だから何?」という否定の意味になる。

172
○ 無理だよ。
That's impossible.

173
○ それ、全然おもしろくないよ。
That's not funny at all.

174
○ けっこうです。
No, thank you.

175
○ どうかな…無理だと思うよ。
Hmm... I don't think it's a good idea.

📢 I think it's not a good idea とならないことに注意。

176
○ それはやめようよ。
Let's not do that.

Chapter 1　基本の会話

19 気持ち ［がっかり・不満足・つまらない］

177
○ うんざり。
I'm fed up.
I'm fed up with you. で「あなたにはうんざりです」。I'm tired [sick] of you. とも言う。

178
○ なんだ、がっかり!
How disappointing!

179
○ どうでもいいよ。
I couldn't care less.
直訳「わたしは、今よりも少ない度合いで気にすることはできない」→「どうでもいいよ」の意味。

180
○ 不満です。
I'm not happy.

181
○ がっかりさせないでよ。
Don't let me down.

182
○ がっかりさせてごめん。
Sorry to disappoint you.

183
○ それは落ち込むね。
That's depressing.

184
○ それは残念だったね。
That's a bummer.
bummer「失望させること」。ほかに What a shame. や I'm sorry to hear that. も「残念だね」。

185
○ 飽きたよ。
I'm bored.

186
○ 何かしようよ。
Let's do something.

187
○ この仕事、本当につまらない。
This is such a tedious job.

188
○ つまんないの!
How boring!

189
○ もうこりごりだよ。
I've had enough.
ABC うしろに続けることもできる。I've had enough of his attitude.「彼の態度にはもうたくさんだ」

190
○ がっかりだよ。
I'm disappointed.

191
○ めんどくさいなあ。
What a bother.
ABC bother「面倒、悩みの種」。動詞としても使われる。She bothered me.「彼女には困ったよ」

192
○ 何か物足りないなあ。
I feel there's something missing.

19 気持ち[がっかり・不満足・つまらない]

Chapter 1　基本の会話

20 気持ち [怒り・イライラ]

193
○ そんなの言語道断だね。
That's outrageous.

194
○ それ、かなりイライラするね。
That's so annoying.

195
○ それって、ありえないよ。
That's unacceptable.

196
○ 腹立つなあ。
I'm annoyed.
　I'm in a bad mood.

197
○ いいかげんにしてくれよ。
Give me a break.

198
○ 怒らせないで。
Don't make me angry.

199
○ ぼくのことで怒ってる?
Are you mad at me?
　Are you cross with me?

200
○ なんでそんなにイライラしてるの?
Why are you so annoyed?

Chapter 1 基本の会話

21 気持ち [悲しい・さびしい]

201
悲しいわ。
I'm sad.

202
ちょっとめいっているんだよね。
I'm a bit depressed.
＜ I'm feeling down.

203
失望させないで。
Don't make me sad.

204
心が折れちゃったよ。
I'm heartbroken.

205
人生つらいよ。
Life is hard.

206
絶望的だ。
It's hopeless.

207
会いたいよ。
I miss you.
ABC miss「〜がいなくてさびしく思う」。この先会えなくなる場合はI will miss you.「さびしくなるよ」。

208
さびしいなあ。
I feel lonely.
＜ 孤独やさびしい気持ちはemptyも可。I feel empty without you.「きみがいないとさびしい」

Chapter 1　基本の会話
22 気持ち ［ほっとする・安心］

209
○ よかった！
That's a relief!

210
○ 安心したよ。
I'm relieved.
　relieve「〜を安心させる」

211
○ やれやれ！
Phew!

212
○ ほっとしたよ！
Thank goodness!
　Thank God! / Thank Heavens!

213
○ 気が楽になったよ。
I feel much better now.

214
○ やっと安心して寝られるよ。
Now I can sleep.

215
○ それを聞いて安心したよ。
That's good to know.

216
○ 心配しちゃったよ。
You had me worried.
　ABC　have〈人〉...「〈人〉を〜させる」

40

Chapter 1 基本の会話

23 気持ち [緊張する]

DISC 1 ▼ 24

217
〇 緊張してきた。
I'm getting nervous.

218
〇 手が震えてるよ。
My hands are shaking.

219
〇 失敗しそうで怖いんだよね。
I'm scared I might screw up.
ABC screw up「へまをする」

220
〇 これ緊張するんだよね。
This makes me so nervous.
ABC make〈人〉...,「〈人〉を〜させる」。同様の表現はP40-216参照。

221
〇 きみ、ガチガチだよ。
You are so tense.

222
〇 ど、どうしよう!
What am I supposed to do now?
ABC 直訳すると「わたしは何をすることになっているんだろう?」→「どうしよう!」という意味。

223
〇 ここから逃げ出したい!
I want to run away!

224
〇 力抜いて!
Relax!
Take it easy!(→P32-152)もこのシチュエーションで使える。

Chapter 1　基本の会話

24　気持ち ［痛い・困る］

225
○ いたた！
Ouch!
＜ Oops!

226
○ 痛い！
That hurts!

227
○ 痛いです。
I'm in pain.
＜ I have a pain.

228
○ 具合がよくありません。
I'm not feeling well.

229
○ すごく苦しい。
I'm in agony.
ABC　agony「激しい苦痛」

230
○ もう無理です。
I can't take it anymore.

231
○ 困っています。
I'm in trouble.

232
○ 困ったことになった。
I've got a problem.

Chapter 1　基本の会話

25 気持ち [恥ずかしい]

233
- すごく恥ずかしい!
- That's so embarrassing!

234
- すごく恥ずかしい思いをしたの。
- I was so embarrassed.

235
- 肩身が狭いです。
- I feel ashamed.

236
- こんな恥かかされたことないよ。
- I've never been so humiliated.
  - ABC humiliate「〜に恥をかかせる、屈辱を与える」

237
- その話はしないで。
- Let's not talk about it.

238
- 会議ですごく恥かいちゃった。
- I made a fool of myself at the meeting.

239
- 穴があったら入りたい。
- I wish I could disappear.
  - I wish the earth would swallow me up.

240
- 彼と一緒にいてきまりが悪かったよ。
- I felt awkward with him.

Chapter 1 基本の会話

26 気持ち [気持ちが悪い]

241
◯ 気色悪い!
Eww!
  Gross!

242
◯ 気持ち悪い!
Yuck!

243
◯ それは気持ち悪いよ!
That's just disgusting!

244
◯ すごく気持ち悪い話だね。
That's a really creepy story.

245
◯ 汚いよ!
That's nasty!

246
◯ あんまり調子がでないな。
I'm not feeling great.
  I'm not feeling well.

247
◯ むかむかする。
I feel disgusted.

248
◯ 吐きそう。
I feel like throwing up.
  ABC throw up「吐く」。pukeやvomitも同じ意味。

Chapter 1 基本の会話

27 自己紹介 ［名前・誕生日］

DISC 1 ▼ 28

249
- 名前何ていうの?
  What's your name?

250
- わたしの名前は吉野マキです。マキって呼んでください。
  My name is Maki Yoshino. Call me Maki.

251
- わたしはソフィー・ブラウンだよ。
  I'm Sophie Brown.
  ABC My name is ... は少し堅い印象のため、友達同士の場合はI'm ...で言うことが多い。

252
- ブラウンが名字。名前がソフィーだよ。
  Brown is my family name. My given name is Sophie. ABC family name = last name「名字」、given name = first name「名前」

253
- あなたの名前は友達から聞いたことがあるよ。
  I've heard your name from my friends.

254
- 彼女の名前何だっけなあ…。ステイシー何とか。
  Ah, what's her name... Stacy something.

255
- 誕生日はいつ?
  When is your birthday?

256
- 2月25日だよ。
  It's February twenty-fifth.

Chapter 1　基本の会話
28 自己紹介 ［職業］

257
○ 何をなさっているんですか?
What do you do for a living?
< What is your job?

258
○ 貿易会社に勤めています。
I work for a trading company.

259
○ IT関連の仕事をしています。
I'm in the IT business.

260
○ ぼくは典型的な日本のサラリーマンです。
I'm a typical Japanese <u>office worker</u>.
　salaryman「サラリーマン」は和製英語のため、通じない場合がある。office workerは「会社員」。

261
○ わたしはフリーランスの写真家です。
I'm a freelance photographer.

262
○ わたしはパートで働いています。
I work part time.
< 常勤であれば、I work full time.

263
○ 今、求職中です。
I'm looking for a job.

264
○ 現在失業中です。
I'm unemployed.

Chapter 1　基本の会話

29 自己紹介 ［出身地・住まい］

265

○ どこ出身ですか?

Where are you from?

詳しく聞くときは<in+場所>を入れる。Where in Tokyo are you from?「東京のどこ出身ですか?」

266

○ もともとは福岡出身です。

I'm originally from Fukuoka.

267

○ ここにはどのくらい住んでいるの?

How long have you been living here?

268

○ このアパートには5年住んでいます。

I've lived in this apartment for 5 years.

269

○ 一人で暮らしています。

I live alone.

両親や家族と暮らしていれば、I live with my parents [family].と言うことができる。

270

○ もう少し広いところに引っ越したいんだよね。

I want to move to a bigger apartment.

271

○ 家賃いくら払ってる?

How much do you pay for rent?

272

○ 1カ月に8万円払ってるよ。

I pay 80,000 yen per month.

Chapter 1 基本の会話

30 自己紹介 ［家族構成］

273
きょうだいはいますか?
Do you have any siblings?
siblingは兄弟姉妹の意味。性別関係なく使うことができる。

274
兄がいます。
I have an older brother.
a big brotherとも言える。弟であれば、I have a younger [little] brother.となる。

275
一人っ子です。
I'm an only child.

276
何人家族ですか?
How many are there in your family?

277
5人家族です。
There are five of us in my family.
There are five members in my family.

278
祖父母も一緒に住んでいます。
My grandparents live with us.
grandparents「祖父母」。「祖父」はgrandfather、「祖母」はgrandmother。

279
素敵なご家族ですね。
You have a beautiful family.

280
兄が結婚したので、義理の姉ができました。
I have had a sister-in-law since my older brother got married. in-lawを使って義理の家族を表せる。father-in-law「義理の父」

Chapter 2

身近な話題

天気や季節、他人の性格や容姿についてなど、
身近な話題で使えるフレーズです。
会話で相手の共感を得やすいトピックなので、覚えておくと便利です。

Chapter 2 ミニ会話

場面 夏休みの計画

DISC 1 ▶ 32

It's gotten really hot all of a sudden!
急に暑くなってきたね!

It's really hot and humid!
本当蒸し暑いね!

P54
300

I want to do something interesting during the summer holidays.
夏休みは何かおもしろいことがしたいなあ。

P97
624

I bought a new bikini. So, let's go to the beach!
新しいビキニ買ったの。だから海に行こうよ!

P70
429

Why not?

いいよ！

Do you know any good beaches near here?

近くにいい海水浴場あるか知ってる？

How about going to *Kotohiki* Beach?

琴引浜はどう？

I like your idea! Why don't we have a barbeque at the beach?

それいいね！ 海でバーベキューしようよ。

Great!

いいね！

I can't wait for the summer holidays!

夏休みが待ち遠しい！

Chapter 2　身近な話題

1　天気　[晴れ・くもり・風・雨・雪・カミナリ]

281
○ 今日は天気がいいね。
It's a beautiful day.

282
○ 何ていい天気なんだろう!
Such a sunny day!
ABC 〈such +(a [an])+形容詞+名詞〉で「とても〈形容詞〉な〈名詞〉」を表せる。

283
○ このどんよりした天気にうんざりだ。
I'm fed up with this gray weather.
ABC be fed up with ... →P36-177

284
○ 今日はくもりだ。
It's cloudy today.

285
○ くもってきたね。
It's getting cloudy.
ABC 〈get+形容詞〉で「〈形容詞〉になる」。この場合、現在進行形なので「だんだん〜になる」の意味。

286
○ いい風だね!
Lovely breeze!

287
○ 風のせいで、髪ボサボサ!
The wind messed up my hair!
ABC mess up ...「〜をめちゃくちゃにする、台無しにする」

288
○ 空気がすごく乾燥してる。
The air is so dry.

289
雨が降りそうだね。

Looks like it's going to rain.

ABC (It) looks like ...「〜のように見える、〜になりそうだ」

290
傘忘れた。

I forgot my umbrella.

291
雨が降ってきたよ。

It's starting to rain.

292
雨はもういやだ!

Not rain again!

293
雨やんだ?

Did it **stop raining**?

〈stop +動詞のing形〉「〜するのをやめる」。stop to ... だと「〜するために止まる」になる。

294
明日、雪降るかな?

Do you think it's going to snow tomorrow?

ABC Do you think ...?のうしろに文を続けて、相手の意見を聞くことができる。

295
雪つもるといいな。

I hope the snow stays.

296
今のカミナリ?

Was that thunder?

Chapter 2　身近な話題

2　天気　[暑い・寒い]

DISC 1　34

297
○ 今日は暖かくて気持ちいいね。
It's nice and warm today.

298
○ この蒸し暑い天気は嫌いだよ。
I don't like this muggy weather.

299
○ 今日はじめじめしてるね。
It's damp today.

> ABC　damp「じめじめした」。気候だけではなく、衣服などが湿っぽいというときにも使える。

300
○ 本当蒸し暑いね！
It's really hot and humid!

301
○ 暑すぎるね！　溶けそうだよ。
It's too hot! I'm going to melt.

> ABC　melt「溶ける」

302
○ 今日は涼しいね。
It's cool today.

303
○ 今日はちょっと肌寒く感じるよ。
It feels a bit chilly today.

> ABC　a bit ...「ちょっと〜」。chilly「ひんやりとした、冷え冷えする」

304
○ 寒くて凍えそう！
I'm freezing!

Chapter 2 身近な話題

3 天気 [天気予報]

305

○ 明日の天気はどうかな?

What's the weather for tomorrow?

306

○ 明日は寒いのかな?

Is it going to be cold tomorrow?

307

○ 今日の天気はおおむねくもりで、雨の降る確率は40パーセントです。

Today's weather is mostly cloudy with a 40 percent <u>chance of rain</u>.

ABC chance of rain「降水確率」

308

○ 明日晴れるといいな。

I hope it will be sunny tomorrow.

309

○ 天気予報見た?

Have you checked the <u>weather forecast</u>?

ABC weather forecast「天気予報」

310

○ 天気予報、いつも外れるよね。

The forecast is always wrong.

311

○ 天気予報によると、明日は雨だって。

The forecast says it will rain tomorrow.

312

○ 最低気温はマイナス8度でした。

The <u>low</u> was minus 8 degrees.

ABC 「最高気温」はhighを使う。The high reached 35 degrees.

55

Chapter 2　身近な話題

4 天気 [星・月・虹・太陽]

313

○ ねえ！　流れ星だよ!
Hey! A shooting star!

ABC　shooting star「流れ星」

314

○ 願いごと言った?
Did you make a wish?

315

○ 流れ星見るためにキャンプしようよ!
Let's camp out to see the shooting stars!

ABC　camp out「キャンプをする」

316

○ わあ！　今夜は星がきれいに見えるね!
Wow! We can see the stars so clearly tonight!

317

○ あの一番光っている星、何て言うの?
What's the brightest star called?

318

○ オリオン座しか見つけられないよ。
I can only find Orion in the sky.

ABC　can only ... 直訳「〜だけできる」→「〜しかできない」という意味。

319

○ 北斗七星しかわからないなあ。
I only know the Big Dipper.

320

○ 今日は満月だね。
It's a full moon tonight.

321
昨日の夜、三日月見た?
Did you see the crescent moon last night?

322
次の月食っていつ?
When is the next lunar eclipse?

ABC lunar eclipse「月食」。皆既月食はtotal lunar eclipse、日食はsolar eclipseと言う。

323
見て! 虹が出てる!
Look! There's a rainbow!

324
嵐のあとって虹がよく出るね。
A rainbow often comes after a storm.

325
こんなきれいな夕焼け見たことないよ。
I've never seen such a beautiful sunset.

326
富士山の頂上から日の出を見てみたい!
I want to see the sunrise from the top of Mount Fuji!

ABC the top of ...「~の頂点」

327
朝日を浴びて起きたいよ。
I want to wake up with the morning sunlight.

328
この部屋、日当たり悪いんだよね。
I don't get much sun in this room.

ABC sunには「日光」の意味もある。数えられない名詞のため、muchで量を表す。

4 天気［星・月・虹・太陽］

身近な話題

Chapter 2　身近な話題

5 災害・事故 [台風・竜巻]

329
◯ 天気予報によると、台風が接近しているって。
The forecast says a typhoon is approaching.

📢 ニュースや新聞、広告などの情報を言うときは、それらを主語にして動詞はsayを使う。

330
◯ 直撃しないといいけど。
I hope it won't hit this area.

331
◯ 台風により、地下鉄の駅が冠水しました。
The metro station got flooded because of the typhoon.

332
◯ 台風は九州に接近中です。
The typhoon is on its way to Kyushu.

[ABC] on one's way to ...「〜に行く途中で」

333
◯ 台風で電車が影響されないといいんだけど。
I hope the train won't be affected by the typhoon.

334
◯ この嵐じゃ、傘差してる意味ないね。
There's no use for an umbrella in this storm.

[ABC] no use「全く役に立たない、使い物にならない」

335
◯ 停電だ！　ろうそくはあったっけ？
The electricity is out! Do we have any candles?

336
◯ 今年は台風多いね。
There are too many typhoons this year.

We have too many typhoons this year.

337
○ 風速25メートルに達すると、木も根こそぎ倒れるらしいよ。

When the wind speed reaches 25 meters per second, the trees can get uprooted.

338
○ これは嵐の前の静けさだね…。

This is the calm before the storm...

339
○ 台風のせいで、沖縄旅行が台無しだった。

The typhoon ruined my vacation in Okinawa.

> ruin「〜をだめにする、台無しにする」

340
○ 何か、あなたっていつも一緒に台風連れてくるよね。

It seems like you always bring a storm with you.

341
○ 台風のせいで飛行機が欠航になっちゃったよ。

My flight has been canceled because of a typhoon.

> 「〜のせいで」はdue to ... でも表現可能。

342
○ 竜巻を見たことある?

Have you ever seen a tornado?

> Have you ever ...? で相手の経験を聞くことができる。

343
○ 竜巻警報が出てたよ。

There's been a tornado warning.

344
○ 竜巻は時速10キロから30キロで移動します。

A tornado moves at a speed of 10 to 30 kilometers per hour.

身近な話題

5 災害・事故 [台風・竜巻]

Chapter 2　身近な話題

6 災害・事故 ［地震・火事］

345

◯ 地震だ!

Earthquake!

> とっさのときはEarthquake!と叫ぶだけで、「地震だ!」ということを伝えられる。

346

◯ 慌てないで!

Don't panic!

347

◯ 落ち着かなきゃ!

We have to stay calm!

> <stay+形容詞>で「<形容詞>の状態でいる」という意味。Stay awake!「起きていなさい!」

348

◯ あれ、揺れてる?

Hey, is it shaking?

349

◯ 全然感じなかったよ。

I didn't feel anything.

350

◯ マグニチュード5くらいだって。

It was about a magnitude of 5.

351

◯ 今の、絶対震度4くらいあったと思うな。

It must've had an intensity of 4 for sure.

> mustは「～しなければならない」のほかに、「～に違いない」という使い方もできる。

352

◯ 津波警報に注意しよう。

Let's be aware of the tsunami warning.

> be aware of ...「～を把握する、～に注意する」

353
火事だよ！ 逃げて!
There's a fire! Run!

354
あれ、なんか焦げてる?
Hey, is something burning?

355
この部屋、何でこんな煙たいの?
Why is this room so smoky?

356
消防車多いね…。近所で火事でもあったかな。
So many fire engines... There must be a fire in the neighborhood.

357
消火器はどこだ?
Where's the fire extinguisher?

358
どこで火事?
Where's the fire?

359
火事のときはエレベーターを使わないでください。
Don't use the elevator in the case of fire.

ABC in the case of ...「〜の場合は」

360
避難経路を確認しておこう。
Let's check the escape route.

ABC あわせて覚えたい言葉…emergency exit「非常口」

身近な話題

6 災害・事故[地震・火事]

Chapter 2　身近な話題

7 災害・事故 ［交通事故・ケガ］

361
○ 救急車を呼んでください!
Please call an ambulance!

362
○ 110番して!
Call 911!

ABC 警察や救急など…アメリカ・カナダ911、イギリス999、オーストラリア000、ニュージーランド111。

363
○ ジョンが事故にあったって聞いた?
Did you hear that John had an accident?

364
○ 彼、車にひかれたんだって。
He got hit by a car.

365
○ 彼、脚をケガしたって。
He hurt his legs.

366
○ 道が事故で渋滞しています。
The street is jammed with traffic because of a car accident.

ABC jam「〜をふさぐ、〜をぎゅうぎゅう詰めにする」

367
○ 安全運転でね。
Drive safely.

368
○ スピード出しすぎないでね。
Don't go too fast.

369
○ 頭ぶつけたよ。

I banged my head.

ABC　bang「〜をぶつける」

370
○ 血が出てるよ!

You're bleeding!

371
○ つまずいちゃった。

I tripped over.

372
○ ただのかすり傷なだけだよ。

It's nothing but a scratch.

ABC　nothing but ...「〜だけ、〜にすぎない」

373
○ フェンスにぶつかったの。

I ran into a fence.

ABC　run into ...「〜と衝突する」

374
○ 足の指を骨折したんだ。

I broke my toe.

375
○ 床の上で滑っちゃった。

I slipped on the floor.

376
○ 料理中、指をやけどしたの。

I burned my finger while cooking.

Chapter 2　身近な話題

8　季節 [四季]

377
○ どの季節が一番好き?
　Which season do you like the most?

378
○ 南半球は四季が逆なんだよ。
　They have the opposite season in <u>the Southern Hemisphere</u>.
　ABC the Southern [Northern] Hemisphere「南[北]半球」

379
○ 春が待ち遠しい。
　I can't wait for the spring.

380
○ 春が来たね!
　Spring has <u>sprung</u>!
　ABC sprungは動詞spring「はねる」の過去分詞形。Spring has come.も同じ意味。

381
○ 春は眠くなるよ。
　Spring makes me sleepy.

382
○ やっと梅雨が明けたね。
　We're finally done with the rainy season.

383
○ 毎年、夏がどんどん暑くなってるよね。
　The summer is getting hotter every year.

384
○ 暑がりだから、夏が来るのが怖いなあ。
　I hate the heat, so I'm <u>dreading</u> the summer to come.
　ABC dread「〜を怖がる」

385
今年の夏は雨ばっかり!
It's been raining the whole summer!

386
今年の夏はあんまり暑くならなかったね。
It didn't get so hot this summer.

387
もう秋だね。
It's already <u>fall</u>.

> fall「秋」はアメリカ英語、autumn「秋」はイギリス英語。

388
冬が来るね。
Winter is coming.

389
冬はけっこう寒くなるの?
Does it get really cold in winter?

390
今年は暖冬だね。
It's been a warm winter this year.

391
今年の冬はけっこう暖かいね。
This winter is <u>relatively</u> warm.

> relatively「比較的、どちらかといえば」

392
今年の冬は雪が降らなかったね。
We didn't get any snow this winter.

Chapter 2　身近な話題

9 季節のイベント［1〜3月の行事］

393
○ あけましておめでとう！
Happy New Year!

394
○ 冬休みは何したの？
What did you do during the winter break?

395
○ 鬼は外！　福は内！
Out with the devil! In with fortune!

396
○ 節分には豆をまくんだよ。
We throw soybeans on *Setsubun*.

397
○ 節分って2つの季節をわけるって意味なんだよ。
Setsubun literally means dividing seasons into two.

398
○ バレンタインが禁止されてる国があること知ってた？
Did you know that Valentine's Day is banned in some countries?
ABC　ban「〜を禁止する」。prohibit、forbidも同義。

399
○ 義理チョコ、めんどくさいなあ。
Friendship chocolate is such a nuisance.
ABC　nuisance「いやな物」

400
○ 彼、チョコレートをたくさんもらえてうれしそうだったね。
He looked so happy to get many boxes of chocolate.

401
○ 次のうるう年っていつ？

When is the next leap year?

ABC　leap year「うるう年」。2月29日の「うるう日」は leap day。

402
○ わたしうるう年生まれだから、まだ9歳だよ！

I was born in a leap year, so I'm actually still 9 years old!

403
○ 梅が見ごろだよ。

The plum trees are blooming now.

ABC　blooming「花が咲いた、花盛りの」

404
○ 3月3日のひな祭りは女の子のためのお祭りなんだよ。

The Doll's Festival on March 3rd is for girls.

405
○ 日本では、ホワイトデーに男性が女性へプレゼントを贈ります。

In Japan, men give gifts to women on White Day.

406
○ ホワイトデーに何を買えばいいか、見当もつかないや。

I have no idea what to get for a White Day gift.

ABC　I have no idea.「見当もつかないよ」は質問の答えが思い浮かばないときも使える。

407
○ 卒業式はどういう服を着る？

What are you going to wear for your graduation ceremony?

408
○ 卒業式、泣いちゃうだろうな。

I think I might cry at the graduation ceremony.

DISC 1 ▶ 41

身近な話題

9 季節のイベント［1〜3月の行事］

Chapter 2　身近な話題

10 季節のイベント［4～6月の行事］

409
◯ お花見しようよ！
Let's have a cherry blossom viewing party!
Let's throw a cherry blossom viewing party!

410
◯ 誰が場所取りするの?
Who is going to save the spot?

411
◯ 日本では学校は4月にはじまります。
In Japan, the school year starts in April.

412
◯ 見て、新入生だ!　かわいいね!
Look at those first year students! So cute!

413
◯ 新入社員の歓迎会の幹事になっちゃった。
I have to organize a welcome party for the new recruits.
ABC organize「～の幹事をする」。organizer は「幹事」。

414
◯ 彼氏が大阪転勤になっちゃったの。
My boyfriend got transferred to the Osaka office.
ABC get transferred「転勤（異動）させられる」

415
◯ ゴールデンウィークが近づいてきているね。
The Golden Week holidays are coming.

416
◯ 今年は何連休だ?
How many holidays are in a row this year?
ABC in a row「連続して、立て続けに」

417
5月5日はこどもの日です。
May 5th is Children's Day.

418
ああいう立派なこいのぼりは最近見なくなったね。
Those marvelous carp banners are getting rare nowadays.

419
ただの五月病です。
It's just <u>one of those</u> May sicknesses.

> one of those ...「よくある〜」。ちなみに、五月病は日本特有の表現。

420
今年の梅雨入りは例年より10日早いです。
The rainy season started <u>10 days earlier</u> than usual this year.

> 比較級の前に数を表す言葉を入れると、より具体的になる。

421
日本では、6月だけ祝日がありません。
In Japan, only the month of June has no holidays.

422
ジューンブライドって憧れるなあ。
I <u>dream of</u> becoming a June bride.

> dream of ...「〜の夢を描く、夢見る」

423
今年もジューンブライドになり損ねた。
Again, I <u>failed to</u> be a June bride this year.

> fail to ...「〜し損なう、しそびれる」

424
梅雨明けっていつだろう？
When will the rainy season end?

身近な話題 10 季節のイベント [4〜6月の行事]

Chapter 2　身近な話題

11 季節のイベント [7〜9月の行事]

425
○ 7月7日は七夕です。
July 7th is the Star Festival.

426
○ 夏休みが待ち遠しい！
I can't wait for the summer holidays!

427
○ 今日は海開きです。
Today is the formal start of the sea-bathing season.

428
○ 軽井沢は有名な避暑地だよ。
Karuizawa is a famous <u>summer resort</u>.

ABC　summer resort「避暑地」

429
○ 新しいビキニ買ったの。だから海に行こうよ！
I bought a new bikini. So, let's go to the beach!

430
○ 日焼けしたくないから、日陰にいるね。
I don't want to get a <u>suntan</u>, so I'll stay in the shade.

ABC　suntan「日焼け」

431
○ 近くにいい海水浴場あるか知ってる？
Do you know any good beaches near here?

432
○ 海でバーベキューしない？
Why don't we have a barbeque at the beach?

70

433
隅田川の花火大会に行こうよ。

Let's go see the fireworks at the Sumida River. 〈go (and) +動詞の原形〉で「~しに行く」の意味。このように (and) を略して言うこともある。

434
浴衣着たいなあ。

I want to wear a *yukata*.

435
外国人には、甚平はおみやげとして喜ばれるんじゃないかな。

I think foreigners would be happy to receive a *jinbei* as a souvenir. souvenir「おみやげ」

436
帰省ラッシュで、新幹線は満席です。

The bullet train is fully booked with people returning home for the vacation. bullet train「新幹線」

437
地元の盆踊りに参加したいな。

I would like to join the local *Bon* Dance Festival.

438
夏休みの宿題、何もやってないよ！

I haven't done any of my summer holiday assignments!

439
中秋の名月だし、団子でも買っていこう。

I'm going to get some *dango* for the harvest moon.

440
残暑がまだ厳しいね。

The late summer heat is still intense.

身近な話題

11 季節のイベント①[7~9月の行事]

Chapter 2 身近な話題

12 季節のイベント [10〜12月の行事]

441
○ 秋といえば、食欲の秋！
Fall is a season of good appetite!
　Fall is a good season for enjoying food!

442
○ 秋の夜長は読書をするのが一番だね。
Reading is the best thing to do in long fall evenings.

443
○ ハロウィーンパーティーで仮装しようよ。
Let's dress up for the Halloween party.
　ABC　dress up「着飾る」

444
○ 日本は紅葉を楽しむのにはうってつけの国です。
Japan is a good country to enjoy the autumn leaves.

445
○ もみじ狩りの季節がやってきました。
The leaf viewing season has come.

446
○ ぼくは春より秋のほうが好きだなあ。
I prefer fall to spring.
　ABC　prefer A to B「BよりもAのほうが好き」

447
○ 勤労感謝の日に、お父さんに何かプレゼントをしよう。
I'm going to give some presents to my father on Labor Thanksgiving Day.

448
○ クリスマスソングが一日中頭の中を回ってるよ。
A Christmas song has been playing inside my head all day.

449
○ 今年はホワイトクリスマスになったらいいな。

I hope we will have a white Christmas this year.

I hope this year will be a white Christmas.

450
○ サンタクロース、どのくらい信じてた?

How long did you believe in Santa Claus?

ABC believeは「〜（の言うこと）を信じる」だが、believe in ... は「〜の存在を信じる」の意味になる。

451
○ 彼女はクリスマスにどんなものがほしいと思う?

What kind of gifts do you think she wants for Christmas?

452
○ イチゴがたくさんのったクリスマスケーキが食べたい!

I want to eat a Christmas cake with many strawberries!

453
○ 渋谷のイルミネーション、すごくきれいだった。

The illumination was so beautiful in Shibuya.

454
○ 忘年会の予定でパンパンだよ。

I'm fully booked with the year-end parties.

ABC be fully booked「満席である、いっぱいである」

455
○ 今年もあっという間だったなあ。

This year went by as fast as ever.

ABC as ... as ever「相変わらず〜、いつものように〜」

456
○ よいお年を。

Have a Happy New Year.

身近な話題

12 季節のイベント［10〜12月の行事］

Chapter 2　身近な話題

13 お祝い [誕生日や結婚などのお祝い]

457
○ お誕生日おめでとう!
Happy birthday!
　Many happy returns!

458
○ いい誕生日をすごしてね。
Have a fabulous birthday.
　Have a great one.

459
○ 素敵な誕生日を。
Wishing you a happy birthday.

460
○ 遅くなっちゃったけど、誕生日おめでとう!
Sorry it's late, but happy belated birthday!
　ABC belated「遅れた」

461
○ はい、誕生日プレゼントだよ。
Here is a birthday present for you.
　ABC Here is [are] ...で「はい、〜です」の意味。Here is your change.「おつりです」

462
○ おめでとうございます!
Congratulations!
　親しい間柄であればCongrats! でもOK。

463
○ ご結婚おめでとうございます。
Congratulations on your marriage.

464
○ 幸せになってね。
Best wishes for your happiness.

465
末永くお幸せにね!
Live happily ever after!

466
結婚生活が笑顔に溢れたものになりますように。
May your married life be full of laughter.

> be filled with とも言える。

467
結婚式のご祝儀はいくら渡すべきかな?
How much should I give as congratulatory money at a wedding?

468
こんないいニュースは久しぶりだ!
This is the best news I've had in years!

> ABC 直訳すると「長年の中でこれが一番いいニュースだよ!」ということ。

469
お祝いしなきゃね!
We have to celebrate!

470
母の還暦のお祝いをしました。
We celebrated my mother's 60th birthday.

471
新築祝いの贈りものを持っていこうよ。
Let's bring a housewarming gift with us.

472
今週末、ケイコの昇進祝いパーティーがあるって聞いたよ。
I heard that there will be a party to celebrate Keiko's promotion.

身近な話題

13 お祝い[誕生日や結婚などのお祝い]

Chapter 2　身近な話題

14 性格・容姿 ［性格］

473
○ 彼は地に足がついている人だよ。

He is <u>down to earth</u>.

ABC　down to earth「現実的な、堅実な」。realisticと同義。

474
○ うちの猫はとても人懐っこいよ。

My cat is very friendly.

475
○ トムってちょっとシャイなんだよね。

Tom is a bit shy.

476
○ 彼女は心が広いよ。

She is <u>open-minded</u>.

ABC　「心が狭い」はnarrow-mindedと言う。

477
○ 彼、とても意地悪だよ。

He is so mean.

478
○ ユウコは優しい心の持ち主です。

Yuko has a gentle heart.

479
○ ジョージはとても繊細(せんさい)なんだ。

George is very sensitive.

「繊細」と言うときに「ナイーブ」としがちだが、naiveは「世間知らずの、単純な」という意味。

480
○ きみって頑固だね。

You are stubborn.

481
きみの彼女、短気だね。
Your girlfriend has a short temper.

482
ケイスケは信頼できる人だよ。
Keisuke is trustworthy.
Keisuke is reliable.

483
彼女はとても親切です。
She is very kind.

484
彼は毒舌家らしいよ。
They say that he has a sharp tongue.

485
何できみはそんなに自分勝手なの?
Why are you so selfish?

486
わたしの彼、優柔不断なの。
My boyfriend never could make up his mind.

487
彼女、何だか攻撃的だよね。
She is kind of aggressive.

488
うわさによると、彼ってけっこう傲慢なんだって。
Rumor has it that he is quite arrogant.
rumor「うわさ」。According to rumor, he is quite arrogant. も同じ意味。

Chapter 2　身近な話題

15 性格・容姿 ［外見や雰囲気］

489
○ あなたの弟はいつも服装がきちんとしてるよね。
Your younger brother is always <u>neat</u>.

> neatは人に対してだけではなく、部屋などに対して使ってもよい。neat room「きれいな部屋」

490
○ エマってきれいだよね。
Emma is beautiful.

491
○ 彼、超かっこいい！
He is so good-looking!

492
○ 彼女、かわいいね。
She is cute.

493
○ わたしの弟はやせています。
My brother is thin.

494
○ 彼、細すぎだよね。
He is too skinny.

495
○ 彼女はほっそりしてるよね。
She is slender.

496
○ 彼女はスタイルがいい。
She has a <u>nice figure</u>.

> good styleだと「服のセンスがいい」になってしまう。

497
彼は普通の体型です。

He is of average-build.

ABC average-build「中肉中背」

498
彼、自分の割れたおなかが自慢なんだって!

He is proud of his six-pack abs!

ABC six-pack abs「6つに割れた腹筋」

499
彼はけっこうがっしりしている。

He is quite well built.

500
わたしの姉はぽっちゃりしている。

My older sister is a little bit plump.

501
ぼくは肥満なんじゃない! ちょっとぽっちゃりしてるだけだ!

I'm not obese! Just a bit on the chubby side!

ABC obese「でっぷりと太った」。名詞の「肥満」はobesity。

502
彼女、くびれがあるよね。

She has a curvy figure.

503
彼ってセンスいいよね。

He has style.

He is stylish.

504
彼女はすごく華やかだよね。

She is gorgeous.

---

15 性格・容姿[外見や雰囲気]

身近な話題

15 性格・容姿［外見や雰囲気］

505
○ 彼女、セクシーだね。
She is hot.

506
○ エミリーは聡明に見えるね。
Emily looks intelligent.

507
○ 彼、いつも暗いよね。
He is always so gloomy.

508
○ アユミはとっても優しいの。
Ayumi is so sweet.

509
○ 彼のこと、苦手なんだよね。
I don't get along with him.

510
○ ジェームズは話しやすい人だね。
James is easy to talk to.

511
○ 単に、相性が悪いんだよね。
There's simply no chemistry.

ABC 相性がよければ We have good chemistry.「わたしたち相性いいよね」。

512
○ 彼女と一緒にいると楽しい。
She is fun to be with.

She is fun to be around.

Chapter 3

日常生活

家や学校、会社など、日常生活で使うフレーズばかりを集めました。
ふだんの会話を英語で言い換えてみると、
効果的に学習することができます。

Chapter 3 ミニ会話

場面 ホームステイ先にて

DISC 1 ▶ 48

Good morning!
おはよう!

I'm too sleepy to move.
眠すぎて動けないよ。

P84
519

I tried to wake you up as many as three times.
3回も起こしに行ったのよ。

P85
522

I didn't notice at all. I want to eat eggs and sausages for breakfast.
全然気づかなかった。
朝ごはんは卵とソーセージが食べたいな。

P141
976

Which do you want to eat, scrambled or fried eggs?

スクランブルエッグか目玉焼き、どっちがいい?

P86
536

I'd prefer fried eggs.

目玉焼きがいいな。

By the way, the weather forecast says it'll be rainy today.

そういえば、天気予報では今日は雨だって。

P88
547

We are having bad weather this week.

今週は天気悪いね。

P88
548

Take your umbrella with you when you go out.

出かけるときは傘持っていきなさいね。

P90
566

Yes, I will. Thanks!

うん、そうするよ。ありがとう!

Chapter 3　日常生活

1　1日のはじまり ［起床］

513
〇 まだ寝てるの?
Are you still sleeping?

514
〇 早く起きないと、遅刻するよ!
Wake up, or you'll be late!
ABC ＜命令文+or＞で、「〜しなさい、さもないと…」の意味。

515
〇 あくびが止まらない。
I can't stop yawning.
ABC yawn「あくびをする」。発音は「ヨーン」。

516
〇 ひどいいびきだったよ。
You snored terribly.

517
〇 もうちょっと寝たい。
I want to sleep a little bit more.

518
〇 夜更かししたせいで寝不足だ。
I didn't sleep enough since I stayed up late last night.
ABC stay up late「夜更かしする、夜遅くまで起きている」

519
〇 眠すぎて動けない。
I'm too sleepy to move.
ABC too 〜 to …「…するには〜すぎる」、「〜すぎて…できない」

520
〇 しまった!　寝坊した!
Oh no! I overslept!

521
○ 何で起こしてくれなかったの?
Why didn't you wake me up?

522
○ 3回も起こしに行ったわよ。
I tried to wake you up <u>as many as</u> three times. ABC 数字を表す語句の前にas many asをつけることで、「〜もの数」という強調の意味になる。

523
○ アラーム鳴ってた?
Did the alarm work?

524
○ 寝ぼけてアラーム切ってみたい。
It seems I turned the alarm off while <u>half asleep</u>. ABC half asleep｜「寝ぼけて、半分眠って」

525
○ よく眠れた?
Did you sleep well?

526
○ うん、ぐっすり寝たよ。
Yes, I had a good sleep.

527
○ 寝てる間に携帯充電するの忘れた。
I forgot to charge my cellphone while sleeping.

528
○ いつも寝起き悪いわね。
You always wake up <u>in a bad mood</u>.
ABC in a bad mood｜「機嫌が悪い」

日常生活

1

1日のはじまり［起床］

85

Chapter 3　日常生活

2　1日のはじまり ［朝の生活］

529

朝ごはんできてるよ。
Breakfast is ready.

530

コーヒーがないと動けないよ。
I need a cup of coffee to function.

531

ほら、しゃんとして!
Hey, come on!

< Pull yourself together! / Straighten up!

532

顔を洗ってきなさい。
Go wash your face.

533

歯を磨きなさい。
Brush your teeth.

534

朝ごはんを食べる時間がない!
I don't have enough time to eat breakfast!

ABC　have enough time to ...「〜するのに十分な時間がある」

535

朝ごはん食べたい気分じゃないなあ。二日酔いなんだよね。
I'm not in the mood for breakfast. I have a hangover.

ABC　in the mood for ...「〜したい気分である」

536

朝食はスクランブルエッグか目玉焼き、どっちがいい?
Which do you want to eat, scrambled or fried eggs?

ABC　omelet「オムレツ」、poached egg「ポーチドエッグ」、boiled egg「ゆで卵」

537
○ コショウ入れをとってくれる?
Could you pass me the pepper shaker?

538
○ 牛乳が飲みたい。
I want to have a glass of milk.

539
○ 郵便受けから、今日の新聞とってきて。
Please pick up today's newspaper from the mailbox.

540
○ 朝のニュース見なきゃ。
I have to watch the morning news.

541
○ 星占いだと今日は運勢がいいみたい!
It seems I'll be lucky today according to the horoscope!

ABC according to ...「〜によると」

542
○ 今日って燃えるゴミの日?
Is it a burnable trash day today?

ABC 「燃えないゴミ」は、inflammable [unburnable] trash。

543
○ ゴミ出してくるね。
I'm going to throw out the garbage.

544
○ 犬の散歩行ってくるね。
I'm going to take the dog for a walk.

日常生活

2 1日のはじまり[朝の生活]

545
◯ 日の光が気持ちいいなあ。
The sunshine makes me feel good.

546
◯ 空気が乾燥してる。
The air is dry.

547
◯ 天気予報では今日は雨だって。
The weather forecast says it'll be rainy today.

548
◯ 今週は天気悪いなあ。
We are having bad weather this week.

549
◯ コーヒーのおかわりどう?
Why don't you have some more coffee?

550
◯ 今日はスーパーの特売に行かなきゃ。
I have to go to the supermarket sale today.

551
◯ 7時には家を出るよ。
I'll leave home by seven.

552
◯ 玄関のカギかけるのを忘れないでね。
Do not forget to lock the entrance door.

Chapter 3　日常生活

3　1日のはじまり ［身支度］

DISC 1 ▼ 51

553
○ 着たい服が見当たらない!
I can't find the clothes I want to wear!

554
○ うーん。おととい、この服着たばかりだしなあ。
Hmm. I just wore these clothes <u>the day before yesterday</u>.
ABC　the day before yesterday「おととい」

555
○ このシャツとスカート、合ってるかなあ?
Do this shirt and skirt go together?

556
○ 服、裏表逆に着てるよ。
You are wearing your clothes <u>inside out</u>.
うしろ前逆であれば、back to front。

557
○ もっと暖かい服装をしていったほうがいいよ。
You should put warmer clothes on.

558
○ コンタクトがうまく入らない。
I'm <u>having trouble putting</u> in my contact lenses.
ABC　<have trouble +動詞のing形>で「～するのに苦労する」。

559
○ 今日はメガネにしよう。
I'm going to <u>put my glasses on</u> today.
「（服）を着る」、「（メガネ）をかける」はput on、「（コンタクト）をつける」はput in。

560
○ 髪型が決まらない。
I'm having a <u>bad hair day</u>.
ABC　bad hair day「髪型が決まらない日、ヘアスタイルがいまいちな日」

561
○ そろそろ行く時間だよ。

It's <u>about time to</u> go.

ABC　about time to ...「そろそろ〜する時間」。high time to ... は「今こそ〜する時」の意味。

562
○ その靴、かなり派手じゃない?

Aren't your shoes <u>way too</u> fancy?

ABC　way too ...「あまりに〜すぎる」。too ...「〜すぎる」をさらに強調した意味になる。

563
○ 電気消した?

Did you turn off the lights?

564
○ 帰りは遅くなるの?

Will you come home late?

565
○ 今日は、晩ごはんいらないよ。

I won't have dinner today.

566
○ 傘持っていきなさいね。

Take your umbrella with you.

567
○ 忘れ物ない?

Do you have everything with you?

＜　Have you got everything?

568
○ 行ってきます。

I'm off.

＜　I'm going. / I'm leaving now. も同意。「行ってらっしゃい」は See you later. / Have a good day.

Chapter 3 日常生活

4 1日のはじまり [通学・通勤]

DISC 1 ▼ 52

569
○ 電車に乗り遅れそう！
I'll miss the train!

570
○ 朝のミーティングに遅刻しそう！
I'll be late for the morning meeting!

571
○ 今日は電車が遅れてるなあ。
The train is delayed today.

572
○ こんな満員電車乗りたくない！
I don't want to take this packed train!
ABC packed train「すし詰めの電車」。混雑具合は crowded train よりもひどい。

573
○ しまった！ 定期券忘れてきちゃった。
Oh no! I forgot to bring my pass.

574
○ バスが全然来ない。
The bus hasn't come at all.
ABC 否定文と一緒に at all を使うと、「全然〜ない」の意味。

575
○ 今日は電車で座れてラッキーだった。
I was lucky to find a seat on the train today.

576
○ 電車でずっと立ちっぱなしだったよ。
I had to stand all the way on the train.
ABC 「道中ずっと」。「はるばる」の意味も。come all the way from ...「〜からはるばるやって来る」

Chapter 3　日常生活

5 学校 ［教室で］

577
◯ 1時間目の授業、何だっけ？
Which subject is it first period?
ABC　first period「1時間目」。それ以降は、second period、third periodと序数を使って表現する。

578
◯ 教科書一緒に見せてくれる？
Can you share your textbook with me?

579
◯ 太郎が伊藤先生に怒られたらしいよ。
I heard that Taro was scolded by Mr. Ito.

580
◯ ペン借りてもいい？
Can I borrow your pen?

581
◯ 宿題やった？
Did you do your homework?

582
◯ 宿題あること、すっかり忘れてた！
I completely forgot we had homework!

583
◯ 宿題手伝ってくれる？
Could you help me with my homework?
ABC　help〈人〉with ...で「〈人〉の〜を手伝う」。

584
◯ 宿題を手伝うのが当たり前だって思わないで。
Don't take it for granted that I help you with your homework.　ABC　take it for granted that ...「〜を当然のことと思う」

585
教室の窓を割ったのは誰?
Who broke the classroom window?

586
先生、許してくれると思う?
Do you think the teacher will forgive me?

587
そのうちわかるよ。
We'll see.
> 「様子を見てみよう」という意味。

588
わたしの分もノートとって。
Please take notes for me, too.

589
あの授業サボっちゃった。
I skipped that class.

590
ここに座っても大丈夫?
Can I have a seat here?

591
授業中寝ちゃいそう。
I might fall asleep during class.

592
大学での専攻、何にするか決めた?
Have you decided your major in university?
> major「(大学での)専攻科目」

Chapter 3　日常生活

6 学校 ［テスト・単位・成績］

593
○ テスト勉強した？
Are you ready for the exam?
ABC　ready for ...「〜の準備(用意)ができて」

594
○ 全然勉強してない。
I haven't studied at all.
ABC　not ... at all ➔ P91-574

595
○ 前回のテスト、かなり難しかったよね。
The last exam was pretty tough, wasn't it?
ABC　肯定文のうしろにコンマと否定の疑問形をつけると「〜だよね？」という意味になる。

596
○ テストの結果返ってきた？
Have you received your result on the exam?

597
○ やった！ 満点だ！
Yay! I got a perfect score!

598
○ 今回のテストで100点中70点以上とらないとまずい。
I have to get over 70 out of 100 on this exam.
ABC　〜 out of ...「...のうちの〜」

599
○ テストでカンニングしちゃだめだよ。
Do not cheat on exams.
ABC　cheat「不正をする」。「浮気する」という意味もある(➔P245-1734)。

600
○ あのゼミのクラス、単位落とした。
I failed that seminar class.

601
この成績、納得いかないんだけど。

I can't agree with this grade.

I can't accept this grade.

602
成績上がってきてるね!

Your grade is <u>improving</u>!

improve「よくなる、進歩する」。「悪くなる」は get worse と言う。

603
成績どう?

How is your grade?

604
数学と理科でAとったよ!

I got A's in mathematics and science!

605
卒論に手つけてない。

I have done nothing with my graduation thesis.

606
レポートの提出間に合うの?

Do you think you can submit your report <u>in time</u>?

in time「間に合って」。on time だと「時間通りに」という意味。

607
今のところは順調だよ。

So far, so good.

608
結局、きみって天才だよね。

After all, you are so <u>gifted</u>.

gifted「すぐれた才能のある、有能な」

Chapter 3　日常生活

7　学校 [休み時間に]

609
◯ 授業中眠っちゃって、大事なところ聞きのがしたよ。
I missed the main point because I fell asleep during that class.

610
◯ 学園祭で何するか決めなきゃね。
We have to decide what we should do for the school festival.

611
◯ 先週末の旅行、どうだった?
How was the trip last weekend?

612
◯ 昨日のあのテレビ観た?
Did you watch that TV show last night?

613
◯ 今日の放課後、カラオケ行かない?
Why don't we go to *karaoke* after school?

ABC 「カラオケ」は英語でも*karaoke*。日本語がそのまま英語になった代表例の1つ。

614
◯ 残念だけど、今日は塾があるんだ。
Unfortunately, I have cram school today.

ABC cram school「学習塾」

615
◯ 今度の祝日空いてる?
Are you free on the next holiday?

616
◯ 最近彼との仲、うまくいってる?
Has your relationship with your boyfriend been good recently?

617
○ この前、彼とけんかした。
I had a fight with him the other day.

618
○ あの二人、別れたらしいよ。
I heard they broke up.
　ABC　break up「別れる」。「〜と別れる」は break up with ...

619
○ まじで? それほんと?
What? Is that true?

620
○ そのうわさ絶対間違ってるよ。
That rumor must be wrong.

621
○ 今度の女子会、超楽しみ!
I'm really looking forward to the next girls' night out!
　ABC　girls' night out「(夜に行われる) 女子会」

622
○ 誕生日会、来られそう?
Can you make it to the birthday party?
　ABC　make it「都合をつける、何とかする」

623
○ そのときの体調次第かな。
It depends how I feel at that time.
　ABC　depend on ...「〜次第である」の意味で、うしろにhowやwhoなどの疑問詞が続くとonは省略可能。

624
○ 何かおもしろいことがしたい。
I want to do something interesting.

日常生活

7

学校 [休み時間に]

Chapter 3 日常生活

8 学校 [部活動・サークル活動・アルバイト]

625
◯ どの部活に入るの?
Which club are you going to join?

626
◯ テニス部に入ったよ。
I'm already a member of the tennis club.
I joined the tennis club.

627
◯ 今週末、部活で合宿があるよ。
Our club will have a training camp this weekend.

628
◯ ぼくの部活、のぞいてみる?
Do you want to take a look at our club activity?

629
◯ 部活は入らなくていいや。
I'd rather not join any club.
ABC would rather not ...「むしろ〜しない」。I'd rather not.「やめておきます」

630
◯ 今夜、新人歓迎会に来てみない?
Why don't you come to the welcome party tonight?

631
◯ ぼくがこの部活の部長です。
I'm the captain of this club.

632
◯ 部活の先輩たちが厳しいし怖いんだ。
The older members of the club are strict and scary.

633

アルバイト何かやってるの?

Do you have any part-time jobs?

634

カフェでアルバイトしてるよ。

I'm working part-time at a cafe.

635

最低でも週3回アルバイトするようにしてるよ。

I try to work part-time at least three times a week.

636

中学生の家庭教師をしてるよ。

I'm tutoring a junior high student.

637

時給950円なんだ。

I earn 950 yen per hour.

ABC　per hour「1時間ごとに」。「日給」の場合は earn ... per day。

638

アルバイトを3つ掛け持ちしてるんだ。

I have three part-time jobs.

639

今日は夜勤だ。

I'll work the night shift today.

ABC　night shift「夜勤」。「日勤」の場合は day shift と言う。

640

割のいいバイト知ってる?

Do you know a highly-paid part-time job?

ABC　highly-paid「高給の」

Chapter 3　日常生活

9 会社 [出社・退社]

641
○ 仕事に間に合いました。
I made it to work.
ABC　make it → P97-622

642
○ すみません、5分遅れます。
Sorry, but I'm going to be 5 minutes late.

643
○ あと10分ほどで到着します。
I'll be there in about 10 minutes.

644
○ 本日の午後から出社します。
I'll be in the office from this afternoon.

645
○ 本日は体調不良のためお休みします。
I'm taking sick leave today.
ABC　sick leave「病気休暇」

646
○ 取引先に直行します。
I'll be going straight to a client's office.

647
○ 打ち合わせから直帰します。
I'm going straight home from the meeting.

648
○ 明日は直行直帰です。
I won't be stopping by the office tomorrow.
ABC　stop by ...「～に立ち寄る」

649
○ 午後4時までに戻ります。
I'll be back by 4 p.m.

650
○ お先に失礼します。
I'm leaving now. See you tomorrow.

651
○ お疲れさまでした。
OK, thanks. Good night.

📢「お疲れさま」は日本語独特の表現。シチュエーションに合わせて英語表現を変える。

652
○ 仕事おわりに一杯やりましょう。
Let's have a drink after work.

653
○ 今日残業なんだ。先はじめてて!
I have to work late today. So, don't wait up for me!

「残業する」は、work extra hours / work overtime とも言える。

654
○ よい週末を! また月曜日に。
Have a great weekend! See you Monday.

ABC great以外にも、goodやniceを使ってもよい。

655
○ 週末どうだった?
How was your weekend?

656
○ 今週もがんばりましょう!
Let's survive this week!

ABC survive「生き残る、生存する」

Chapter 3　日常生活

10　会社　[人事①]

657
○ 今日は新入社員を迎えます。
We will welcome new employees today.

658
○ 今日は入社式が行われる予定だ。
The welcoming ceremony will be held today.
hold には「(会などを) 開催する」という意味がある。

659
○ では、皆さんに自己紹介をしてください。
Then, please introduce yourself to everyone.
introduce oneself「自己紹介する」

660
○ ここがあなたのデスクです。
Here is your desk.

661
○ この電話の使い方わかる?
Do you know how to use this phone?

662
○ これから3カ月はOJTを受ける予定だ。
I'll take on-the-job training the next three months.
OJTは英語でも通じるが、Off-JTは和製英語なのでネイティブには通じない。

663
○ 覚えなきゃいけないことがたくさんあるね。
We have lots to learn.

664
○ がんばるぞ!
I'll do my best!

665
○ がんばってね！
Keep it up!
＜ Keep your head up!

666
○ 今度の新人いいね。
I like the new guy.

667
○ 彼は次の3月で定年退職なんだよ。
He'll retire next March.

668
○ 本日付で退職します。
I'll resign from the company today.

669
○ ご退職おめでとうございます！ いろいろとお世話になりました。
Happy retirement! Thank you for everything. ＜ Best wishes for your retirement.「ご退職おめでとうございます」

670
○ 第二の人生を楽しんでください。
Hope you enjoy your next step.

671
○ 送別会開きますよ！
We'll have a farewell party for you!
ABC farewellは形容詞「送別の」、名詞「別れ」、間投詞「さようなら、ごきげんよう」という意味。

672
○ おまえはクビだ！
You're fired!
ABC fireには動詞で「～をクビにする、解雇する」の意味がある。

10 会社［人事①］

Chapter 3 日常生活

11 会社 [人事②]

673

◯ 辞めてやる!
I quit!

674

◯ この会社、ブラックすぎるよ。
My office is such a <u>sweatshop</u>.

🔤 sweatshop(-like environment)「ブラック企業（ブラックな環境）」

675

◯ こんなところにいられない。
I have to get out of here.

676

◯ わたしはもう転職活動はじめてるよ。
🔧 **I'm already looking for a new job.**

677

◯ わたしはフリーランスになることを考えています。
I'm planning to go freelance.

678

◯ 転職したのは正解だった。
I'm glad I've changed jobs.

679

◯ 来週、昇進試験なんだ。
I'll take a promotion exam next week.

680

◯ あなたは昇給間違いなしだよ。
🔧 **I'm sure you'll <u>get a raise</u>.**

🔤 get a raise「給料が上がる」

681
昇進したよ！
I got a promotion!
- ABC promotion「昇進、進級」

682
彼、今度昇進するんだってね。
I heard he is getting promoted.

683
それって事実上の左遷だよね。
It's a kind of demotion in fact.
- ABC a kind of ...「〜のようなもの、一種の〜」

684
彼なら人事部に異動したよ。
He moved to the Human Resources Department.
- ABC 「人事部」は略してHR Dept.と書かれることが多い。

685
このたび東京本社へ異動になりました。
I've been transferred to Tokyo headquarters.
- ABC headquarters「本部・本社」。「部門・支社」はbranch。

686
開発部門への異動願いを出しました。
I have asked for a transfer to the development branch.

687
同僚に恵まれてるよ。
I'm lucky to have good coworkers.

688
この仕事は天職だと思う。
I think this job is my calling.
- 「天職」はcallingのほかにvocationやmissionでも言い換えができる。

日常生活 11 会社［人事②］

Chapter 3　日常生活

12　会社　[報告・連絡・相談]

689
◯ 今、お時間よろしいですか？

Do you have a moment?

> Could I have a minute of your time?「少々お時間いただけますか？」

690
◯ 今、ちょっと手が離せません。

I'm a bit busy now.

> I'm in the middle of something.

691
◯ これは急ぎの用件です。

This is an urgent matter.

692
◯ 手が空いたら来てください。

Come when you are free.

693
◯ ご相談があるのですが。

I need your advice.

694
◯ 質問してもよろしいでしょうか？

May I ask you a question?

> ABC　短時間で済むことを強調したければ、May I ask you a quick question? でも可。

695
◯ まず結論から申し上げます。

Let me tell you the result first.

696
◯ ちょっとお耳に入れたいことがありまして。

I have something to share with you.

697
何か質問があったら、気軽に聞いてね。
If you have any questions, feel free to contact me.

ABC feel free to ...「気軽に～する、自由に～する」

698
情報はすべて、わたしに集約してください。
Give me all the information you have.

699
あとでお返事ください。
Please get back to me.

ABC get back to ...「～に返事をする、～にあらためて連絡をする」

700
随時、報告してください。
Keep me posted.

ABC keep ... posted「～に最新情報を伝える」

701
ちょっとお聞きしたいんですが。
Let me ask you something.

ABC ask を show にすると、Let me show you something.「お見せしたいものがあります」となる。

702
おかしいことがあれば、いつでも言ってください。
Always tell me if there is anything wrong.

703
何か困ってることある?
Is there anything bothering you?

704
最近の状況を教えてもらえますか?
Can you bring me up to speed?

ABC bring ... up to speed「～に事情をよく説明する、～にこれまでの経緯を伝える」

705
○ 手短に話そう。
I'll be brief.

706
○ 要するに、経費を削減しなくてはなりません。
The bottom line is, we have to cut costs.
< To be short, / In short,

707
○ わかり次第ご報告します。
I'll report as soon as I know.

708
○ ご報告お待ちしています。
I'll wait for your report.

709
○ また連絡します。
I'll be in touch.
< I will contact you later.

710
○ 取り急ぎご連絡まで。
This is just a quick note.

711
○ ここだけの話なんだけど。
Just between us.
< Just between you and me.

712
○ これはオフレコで頼むよ。
Please keep this <u>off the record</u>.
ABC off the record「非公開の、オフレコの」

Chapter 3　日常生活

13 会社 [給料・ボーナス]

713
○ あなたの給料日っていつ?
When is your payday?
ABC payday「給料日」

714
○ 今日は給料日だ!
It's payday today!
Today is payday for me.

715
○ わたしは月給25万円だよ。
My salary is 250,000 yen per month.

716
○ 次の給料日まで節約生活だ。
I have to pinch and save until next payday.
ABC pinch and save「切り詰める」

717
○ 年収いくら?
How much do you make a year?

718
○ 今月ボーナスもらったよ!
I got a bonus this month!

719
○ ボーナス何に使う?
What do you want to use your bonus for?

720
○ 親に何か買ってあげようかな。
I'll buy something for my parents.

Chapter 3　日常生活

14　会社　[電話をとる・かける①]

721
○ おはようございます。株式会社NNNにお電話いただきありがとうございます。
Good morning. Thank you for calling NNN Corporation.

722
○ どうされましたか?
How may I help you?

723
○ どちら様でしょうか?
May I ask who is calling?

724
○ お名前をちょうだいしてもよろしいですか?
May I have your name, please?

725
○ 鈴木さんをお願いできますか?
May I talk to Mr. Suzuki, please?

726
○ 鈴木は本日不在です。
Mr. Suzuki is not in the office today.

727
○ ただいま席を外しております。
He has temporarily left his seat.

ABC　leave one's seat「席を外す」

728
○ 現在打ち合わせ中です。
He is now in a meeting.

729
あと30分ほどで戻る予定です。
He will be back in about thirty minutes.

730
本日はすでに退社しております。
He has already left the office.

731
のちほど折り返しお電話させましょうか?
Shall I have him call you back later?

> call ... back「(〜に) 折り返し電話をする」

732
ご伝言をうけたまわりましょうか?
May I take a message?

733
鈴木さん宛てに伝言をお願いできますか?
Can I leave a message for Mr. Suzuki?

> leave a message「伝言を残す」

734
メールを送るのでご確認ください、とお伝えください。
Please tell him to check the email I'll send.

735
ご伝言は必ずお伝えします。
I'll make sure he gets your message.

> make sure (that) ...「確実に〜する」

736
明日またお電話いただけますか?
Would you mind calling again tomorrow?

> 〈would you mind +動詞のing形〉で「〜していただけませんか?」という依頼の表現。

Chapter 3　日常生活

15　会社　［電話をとる・かける②］

737

○ またかけ直します。

I'll call you later.

738

○ 山本さんからお電話がありましたよ。

There was a call from Ms. Yamamoto.

739

○ 誰か電話とって!

Someone, please pick up the phone!

740

○ どの者にご用でいらっしゃいますか?

Who would you like to speak to?

741

○ ご担当の方につないでいただけますか?

Could you connect me with the person in charge? ABC　in charge「責任を取る、担当する」。person in charge で「担当者」になる。

742

○ 担当の者におつなぎいたします。

I'll put you through to the person in charge.

ABC　put ~ through to ...「~の電話を…につなぐ」

743

○ 少々お待ちください。

Hold on, please.

Could you wait for a while? / Would you hold on a second, please? なども同様。

744

○ 恐れ入りますが、番号をお間違えではないでしょうか。

I'm sorry, but I think you have the wrong number. ABC　特定の番号を表すので定冠詞 the がつくことに注意。

745

○ すみません、番号を間違えました。

Sorry, I think I've got the wrong number.

746

○ 間違い電話でした。

It was a wrong number.

> ABC 不定冠詞 a を用いることで「(ただの) 間違い電話」というニュアンスを表す。

747

○ 申し訳ございませんが、お電話が遠いようです。

I'm sorry, but I can't hear you well.

748

○ もう少し大きな声でお話しいただけますか?

Could you speak up, please?

749

○ これで聞こえますか?

Can you hear me now?

750

○ 恐れ入りますが、電波の状況が悪いようです。

Sorry, you are breaking up.

> ABC break up には「壊れる、別れる」以外に「(電話などの声が) 途切れる」という意味もある。

751

○ もう一度おっしゃっていただけますか?

Could you say that again?

752

○ ジョーンズ様、お電話ありがとうございました。

Thank you for calling, Mr. Jones.

Chapter 3　日常生活

16 会社 ［パソコン・メール］

753
◯ ぼくのパソコン、重いんだよな。
My PC is slow.

754
◯ こまめにバックアップとっておきなよ。
You should back up the data frequently.

755
◯ きみ、パソコン強かったっけ?
Are you good with a PC?
Do you know much about PCs?

756
◯ これ直せる?
Can you fix this?

757
◯ パソコンが急にフリーズしちゃったんだけど。
My PC suddenly froze.

758
◯ サーバーの問題かもしれませんね。
I guess there may be a server problem.

759
◯ とりあえず再起動してみたら?
Why don't you reboot your PC for now?
ABC この場合の for now は、「とりあえず〜」の意味。

760
◯ 帰り際にパソコンをシャットダウンするの忘れないでね。
Be sure to shut down your PC when going home.

761
○ メールでお知らせいただけますか?
Would you let me know by email?

762
○ のちほどメール差し上げます。
I'll email you later.

友人など気さくな間柄であれば、I'll text you later. でも可。

763
○ ご返信お待ちしております。
I'm looking forward to hearing from you soon.

764
○ 返信が遅くなり、申し訳ありません。
I apologize for my late reply.

765
○ 添付ファイルをご確認ください。
Please find the attached document.

766
○ メールを再送していただけますか? 文字化けしていました。
Could you <u>resend</u> that email? Its characters are corrupted.

ABC resend「再送する、送り返す」

767
○ 総務部からのメールを転送いたします。
I'm forwarding an email from the General Affairs Department.

768
○ 次回はわたしもCCに入れてください。
Please <u>CC</u> me next time.

ABC CCはcarbon copyの略。かつての複写方法の名残がメール時代の現在まで残っている。

---

16 会社［パソコン・メール］

Chapter 3　日常生活

17　会社　[取引先を訪問する]

769
◯ おはようございます。ご用件をうかがってもよろしいでしょうか?
Good morning. May I help you?

770
◯ お名前をうかがってもよろしいでしょうか?
Could I have your name, please?
言い換え表現➡P110-724

771
◯ 123証券の田中一郎と申します。
I'm Ichiro Tanaka from 123 Securities.
ABC　securities「証券会社」

772
◯ 田中様ですね、お待ちしておりました。
We've been expecting you, Mr. Tanaka.
wait forだと「到着が遅いのでずっと待っていた」という意味になる可能性があるので注意。

773
◯ 鈴木さんとのアポイントが10時にあるのですが。
I have an appointment with Ms. Suzuki at 10 o'clock.

774
◯ 鈴木の所属部署名はご存じでしょうか?
Do you know which department Ms. Suzuki belongs to?

775
◯ こちらの用紙にお名前をご記入ください。
Please write down your name on this paper.

776
◯ こちらが入館証です。
Here is an entrance card for you.

777
おかけになってお待ちください。
Please have a seat and wait for a moment.

778
会議室へご案内します。こちらへどうぞ。
Let me show you to the meeting room. This way, please.
I'll take you to the meeting room. Please follow me.

779
鈴木はまもなく参ります。お飲みものはいかがでしょうか?
Ms. Suzuki will be with you in a minute. Would you like something to drink?

780
お水をいただけますか。ありがとうございます。
I'd like some water. Thank you.

781
お待たせしてしまい申し訳ありません。
I'm sorry for keeping you waiting.
Thank you for your patience.

782
ご多忙のところお越しいただき、ありがとうございます。
Thank you for making time to come and see me.

783
お会いできて光栄です、田中様。
I'm pleased to meet you, Mr. Tanaka.

784
こちらこそ。本日はよろしくお願いいたします。
So am I. I appreciate your cooperation today.
cooperation「協力、協働、協調」

Chapter 3 日常生活

18 会社 ［会議・プレゼンテーション①］

785
本日はお集まりいただき、ありがとうございます。
Thank you all for coming today.

786
会議は午後4時に終了予定です。
The meeting is due to finish at 4 p.m.
be due to ...「〜する予定だ」

787
本日は来年度の予算について議論するためにお集まりいただいております。
We are here today to discuss next year's budget.
budget「予算」

788
新規プロジェクトについて話すことが今回の会議の目的です。
The purpose of this meeting is to talk about the new project.

789
議事録は木村さんが担当します。
Ms. Kimura will be taking the minutes.
take the minutes「議事録をとる」

790
まず、こちらが本日の検討議題です。
First of all, here is the agenda for today.
agenda「議題、行動計画、政策」

791
それでは、プレゼンテーションを開始いたします。
OK, so, now let me start my presentation.

792
本日は、来年度のマーケティング戦略についてお話ししたいと思います。
Today, I would like to talk about our marketing strategy for next year.

793
本題に入りましょう。
Let's get down to business.
＜ Let's cut to the chase.

794
議題に関してお話しすることは3つあります。
There are three items on the agenda.

795
製品のマーケットシェアを見ることからはじめたいと思います。
I'd like to start by looking at the market share of our product.

796
続いて、今年度の売り上げ状況をお見せします。
And then, I will show you this year's sales status.

797
次に、予算の話題に移りましょう。
Next, let's move on to the topic of the budget.

798
この話題については、のちほど田中よりご説明いたします。
Mr. Tanaka will talk about this topic later on.

799
最後に、製品発売の予定表についてお話しします。
Finally, we will cover the timeline for our product launch.
product launch「製品発売」

800
何か質問はございますか？ 喜んでお答えします。
Are there any questions? I'd be happy to answer them.

Chapter 3 日常生活

19 会社 ［会議・プレゼンテーション②］

801
○ ご意見はございますか？
Do you have any comments?
Does anyone have any remarks?

802
○ 質問の時間はのちほど設けております。
We'll have a Q&A session later.

803
○ もう少し具体的にお願いできますか？
Could you be more specific?

804
○ スケジュールについてはあらためてお伝えします。
I will get back to you on the schedule.

805
○ このグラフは競合他社の売り上げトレンドを示しています。
This graph shows the sales trend of our competitors.
ABC competitors「競争相手」

806
○ 配布資料の最後のページをご覧ください。
Please look at the last page of the handout.

807
○ ご存じのように、ターゲット顧客は40代の女性です。
As you know, our target customers are women in their 40's.

808
○ 採決しましょうか？
Should we take a vote?
ABC take a vote「採決する、多数決で決める」

809
おっしゃりたいことはわかります。
I see your point.
> I see what you're saying.

810
それはつまり、どういう意味ですか?
What do you mean by that?

811
それでご質問の答えになっているでしょうか?
Does that answer your question?

812
そろそろおわりの時間です。
It's time to wrap up.
> wrap up「包む、まとめる、おわりにする」

813
時間が押しています。
We are running out of time.
> run out of ...「〜を使い果たす」。現在進行形にすると、「なくなりそう」の意味になる。

814
要点を簡単にまとめます。
I'm going to give a brief summary of my points.
> summary「要点、要約、概要」

815
本日はこれで以上です。ご清聴ありがとうございました。
That's all for today. Thank you for your attention.

816
わたくしのプレゼンは以上です。お時間をいただきありがとうございました。
That's the end of my presentation. Thank you for your time.

日常生活

19 会社[会議・プレゼンテーション②]

Chapter 3　日常生活

20　会社　[受注・発注・契約・請求①]

817

○ 御社の製品に興味があります。
　We are interested in your products.

818

○ ご注文の際は、注文用紙にご記入ください。
　To place an order, please fill in the order form.
　　ABC　place an order「注文を入れる」

819

○ 納期はどれくらいですか？
　How long will it take to deliver?

820

○ 航空便だと5日以内にお届けできます。
　We can deliver our product within 5 days by air.

821

○ この見積もりは9月30日まで有効です。
　This quotation is valid until September 30th.
　　ABC　quotation「見積もり」。ほかには「引用（文）」の意味もある。

822

○ 見積もりに送料は含まれていますか？
　Does the quotation include shipping?

823

○ 手数料が発生します。
　The service charge will be added.

824

○ 10パーセント割引いたします。
　We can give you a 10 percent discount.

825
これが精いっぱいの価格です。
This is the best price we can offer.

826
支払い条件は何ですか?
What are your payment terms?

827
お支払いは発送前にお願いできますか?
Could you pay before shipment?

828
代金受領後に、ご注文の品を発送いたします。
Upon receipt of payment, we will dispatch your order.

ABC dispatch「〜を発送する」

829
7月15日付のご注文ありがとうございます。
Thank you for your order on July 15th.

830
こちらで問題ございませんか?
Would this be acceptable to you?

831
請求書の写しを同封しております。
We are enclosing our invoice copy.

ABC enclose「〜を同封する」

832
あいにく、27番の商品は現在在庫切れでございます。
Unfortunately, item 27 is now out of stock.

ABC out of stock「在庫切れ」

Chapter 3　日常生活

21 会社 ［受注・発注・契約・請求②］

833
○ 当商品は現在製造されておりません。
This item is no longer produced.
ABC　no longer ...「もはや〜でない」

834
○ 追加注文をしたいのですが。
We would like to place an additional order.

835
○ Mサイズに変更できますか？
Could I switch to M size?

836
○ ご注文の品を昨日発送しました。
Your order was shipped yesterday.

837
○ キャンセルをうけたまわります。
We'll accept your cancellation.
ABC　cancellation「取り消し、キャンセル」

838
○ ご注文を繰り返します。
Let me repeat your order.

839
○ 代わりの商品を送ってもらえますか？
Can you send us replacements?
ABC　replacement「交換、代替品」

840
○ もう少し早く送ってもらえませんか？
Could you deliver that a bit earlier?

841
○ 3個足りません。
We are 3 units short.

842
○ 破損状況を教えていただけますか?
Could you describe the damage?

843
○ ご希望のお支払い方法はございますか?
How would you like to pay?

844
○ 契約書をお送りします。
I'll send you the contract.
　ABC　contract「契約書」。written contractと言うこともある。

845
○ 契約内容について質問があります。
I have a question about our contract.

846
○ 請求書の金額が間違っています。
The amount on this invoice is wrong.
　ABC　amount「総計、総額」

847
○ 振込手数料はご負担ください。
Please bear the burden of the bank transfer fee.
　ABC　bear「〜を負う」。burden「負担」

848
○ お支払いを確認しました。
We have confirmed your payment.

Chapter 3　日常生活

22 会社 ［ランチ・休憩］

849
○ お昼休みだ!
Lunch time!

850
○ 向かいにできた新しいイタリアンに行ってみようよ。
Let's go to the new Italian restaurant across the street.

851
○ ランチメニューが豊富なんだよ。
They have a great variety of items on the lunch menu.　ABC　a great variety of ...「多種多様の〜、いろいろな〜」

852
○ 今日は中華の気分だなあ。
I'm in the mood for Chinese today.
ABC　in the mood for ➡P86-535

853
○ ランチのあと、コーヒー買いに行かない?
Why don't we grab a coffee after lunch?
ABC　grab「〜をつかむ」。get [take, have] にも言い換えができる。

854
○ おいしそう!
Looks delicious!

855
○ お店に入るには並ばないといけないね。
We have to stand in line to get in the restaurant.　ABC　stand in line「列に並ぶ」

856
○ おなかぺこぺこだ。
I'm starving.

857
がっつり食べたい!
I want to pig out!
ABC pig out「(豚のように) ガツガツ食べる、食べすぎる」

858
ダイエット中だからデザートはパスするね。
I'll pass on dessert since I'm on a diet.

859
このメニューはコスパ高いね。
This dish is good value for the price.

860
ちょっと休憩しよう。
Let's take five.
ABC five minute rest「5分休憩」が略されて five になったもの。Let's take a break. でもOK。

861
一服しますか。
Let's have a smoke.

862
疲れた…。仕事がおわらないよ。
I'm beat... My work is never ending.
I'm very tired... I can't get my job done.

863
もう一息だよ。がんばろう。
We're almost there. Let's do this.
ABC almost there「目標 (完成) までもう少しである」

864
ちょっとはリフレッシュできたよ。
I feel a little refreshed.

Chapter 3 日常生活

23 会社 ［休日・休暇を取得する］

865

◯ 5日間休暇を取得する予定です。

I'm going to take five days off.

ABC　day off「休暇」

866

◯ よい休暇をお過ごしください。

Please have a good vacation.

867

◯ 彼女は産休中です。

She is on maternity leave.

ABC　maternity leave「(母親の育休も含む) 産休」

868

◯ 彼は8月から育休に入るよ。

He is taking paternity leave from August.

ABC　maternity leave に対して「(父親が取る) 育児休暇」の意。childcare leave とも。

869

◯ 明日、介護休暇をとってもよいでしょうか?

Could I take family leave tomorrow?

ABC　family leave「介護休暇」

870

◯ もちろんいいよ。ご家族にお大事にと伝えてください。

Of course it's OK. Please tell them to get well soon.

871

◯ 約半年ぶりに休暇をとります。

I'll take a few days off for the first time in about six months.

ABC　for the first time in ...「〜ぶりに」

872

◯ 部長はインフルエンザで病欠中です。

The chief manager is on sick leave because of the flu.

ABC　flu「インフルエンザ」

873
人事部に診断書を提出してください。
You need to submit your medical certificate to the Human Resources Department.

874
明日は有休をとります。
I'm taking a paid holiday tomorrow.
ABC paid holiday「有給休暇」

875
休暇取得をほかの日にはできないかな？　明日はどう？
Could you take your day off another day? How about tomorrow instead?

876
会議に出席してほしいので、明日は会社にいてもらえないかな。
I'd like you to be there tomorrow to attend the conference.

877
先週末に休日出勤したから、今日は代休なんだ。
I worked last weekend, so I took a day off in lieu today.
ABC day off in lieu「振替休日」

878
このところ働きづめだったでしょ。休んだほうがいいよ。
You've been working so much these days. You should take a vacation.

879
明日から3日間、忌引休暇をとらせていただきます。
I'd like to take bereavement leave the next three days.
ABC bereavement leave「忌引休暇」

880
息子の入学式があるので、4月1日に午前休をとることは可能でしょうか？
Could I take the morning off on April 1st for my son's entrance ceremony?
ABC morning off「午前休」

Chapter 3 日常生活

24 1日のおわり [帰宅する]

DISC 1 ▼ 72

881
○ ただいま!
　I'm home!

882
○ 今日は早いのね。
　You're back early today.

883
○ 今日はどうだった?
　How was your day?

884
○ 今日はきつかった。
　I had a tough day.
　ABC have a tough day「たいへんな一日をすごす」。have a bad day「運が悪い一日をすごす」

885
○ かなり疲れてるみたいだね。
　You look really tired.

886
○ 晩ごはん食べる前にまず着替えなさい。
　Change your clothes first before dinner.

887
○ お弁当箱をテーブルの上に出してね。
　Put your lunch box on the table.
　ABC 弁当は日本語のまま *bento* と表されることもある。

888
○ おばあちゃんから手紙が来てたよ。
　You got a letter from grandma.
　ABC grandma = grandmother「おばあちゃん」。「おじいちゃん」はgrandpa。

Chapter 3 日常生活

25 1日のおわり [夕食の準備]

DISC 1 ▶ 73

889
○ 今日の晩ごはん、何?
What's for dinner?

890
○ 今日の晩ごはん、何にしようか?
What should we cook for supper?

891
○ 何でもいいよ。
Anything is fine.

892
○ それは助かるわ。
That's very helpful.

893
○ 今夜はピザ頼まない?
Why don't we order a pizza for delivery tonight?

894
○ 今日は残りもので済ませよう。
Let's just make do with leftovers today.

ABC　make do with ...「~で済ます、~で間に合わせる」。leftover「(前回の) 食事の残り」

895
○ 玉ネギ、刻んでくれる?
Will you cut the onions?

896
○ どう切ったらいい?
How should I cut them?

897
○ 玉ネギがないよ！
We're out of onions!
- be out of ... 「〜が手元にない、〜を切らしている」

898
○ 冷蔵庫、空っぽだよ。
There's nothing in the fridge.
- fridge は refrigerator 「冷蔵庫」の短縮形。

899
○ マヨネーズ、どこにしまった？
Where did you put the mayonnaise?

900
○ この肉、とっくに賞味期限が切れているよ！
The meat is long past the expiration date!

901
○ 塩がなくなっちゃった。
We've run out of salt.
- run out of ... 「〜を使い果たす、〜を切らす」。参照➡P132-897

902
○ もう少しだけ砂糖がいるな。
It needs a little bit more sugar.
- a little bit more 「もう少しだけ」

903
○ ラザニア、もう少しでできるよ。
The lasagna is almost ready.

904
○ テーブルをセットするの手伝って。
Help me set the table.

---

25 1日のおわり [夕食の準備]

Chapter 3　日常生活

26　1日のおわり　[夕食をとる]

DISC 1 ▼ 74

905
○ うーん、すごくおいしい!
Mmm... it's very good!

906
○ やった! ぼくの大好物!
Yay! It's my favorite!

907
○ これおいしい! レシピどこでゲットしたの?
This is so tasty! Where did you get the recipe?

908
○ まだあるよ。
There's more left.

909
○ 好きにおかわりしてね。
Help yourself to seconds.

　ABC　second「(食事の)おかわり」。飲みもののおかわりはrefillを使う。

910
○ おかわりもらえる?
Can I have more?

911
○ ごはんのおかわりもらえる?
Can I have another bowl of rice?

　飲みもののおかわりも同様。Can I have another beer?「ビールもう1杯もらえる?」

912
○ これ、ちょっと辛すぎ。
This is too spicy.

Chapter 3　日常生活

27　1日のおわり［夕食のあとで］

913
○ おなかいっぱい！
I'm full!
　I'm stuffed!

914
○ 食べすぎた！
I ate too much!

915
○ 足りた？
Did you have enough?
　Have you had enough?

916
○ デザート食べたい人いる？
Who's up for some dessert?
　ABC　up for ...「〜に乗り気で」。Who's up for ...? で「〜したい人いる？」の意味になる。

917
○ デザートに、何か甘いものある？
Is there anything sweet for dessert?

918
○ 甘いものは別腹だよね。
There's always room for sweets.
　I have room for dessert.

919
○ ごちそうさまでした。
Thanks for the delicious meal.

920
○ 食べてすぐ寝ころばないの。
Don't lie down soon after a meal.

921
明日は魚料理がいいな。
I want to have fish tomorrow.

922
洗いものはぼくにやらせて。
Let me wash the dishes.

923
晩酌の時間だ。
It's time to have an evening drink.
ABC evening drink「晩酌」

924
ビールまだあった?
Do we still have beer?

925
仕事おわりのビールは最高だよ。
Nothing can be better than beer after a day's work.   Anything can't be better than beer after a day's work.

926
おつまみちょうだい。
Give me some snacks.
ABC snack「おつまみ、軽食」

927
飲みすぎたかも。
I guess I drank too much.

928
腹ごなしに散歩してくる。
I'll take a walk to help my digestion.
ABC digestion「消化」

27 1日のおわり［夕食のあとで］

Chapter 3　日常生活

28　1日のおわり ［テレビを観る］

929
○ ニュースで何やってるの？
What's on the news?

930
○ この役者大好き！
I love this actor!

931
○ この人、うっとうしいよね。
He is so annoying.
＜ I'm annoyed with him.

932
○ このドラマおもしろそう。
This TV drama seems <u>interesting</u>.
＜ 「つまらなそう」と言いたいときはinterestingをboringに変える。

933
○ リモコンとって！
Pass me the <u>remote</u>!
ABC　remoteはremote control「リモコン」の短縮形。

934
○ チャンネル変えて。
Please change the channel.

935
○ メガネをかけないとテレビ観えない。
I can't watch TV <u>without my glasses on</u>.
onをつけないと、「メガネを（手に）持たないで」の意味になってしまうので注意。

936
○ 今夜あの映画を録画しなきゃ！
I must record that movie tonight!

Chapter 3 日常生活

29 1日のおわり [入浴する]

937
○ お風呂入ったら?
Why don't you take a bath?
　Why not take a bath?

938
○ いつもシャワーなの。
I always take a shower.

939
○ お風呂沸いてるよ。
The bath is ready.

940
○ このシャンプーいい匂い!
This shampoo smells good!
　smell単独の意味は「嫌な臭いがする」なので、形容詞とあわせて使うようにしよう。

941
○ お風呂の中でくつろごう。
I'm going to relax in the bath.

942
○ 早くお風呂から上がりなさい!
Get out of the bath soon!

943
○ 髪洗ったの?
Did you wash your hair?

944
○ すごくすっきりしたよ。
I feel completely refreshed.

Chapter 3　日常生活

30　1日のおわり ［就寝前に］

945
○ 歯、磨いた?
Did you brush your teeth?

946
○ 明日7時に起こしてくれる?
Could you wake me up at seven o'clock?

947
○ 寝る前にちゃんと髪乾かしなよ。
Dry your hair thoroughly before going to bed.
ABC　thoroughly「徹底的に、余すところなく」

948
○ 今すっぴんなの。
I'm not wearing any makeup now.

949
○ ストレッチが日課なんだ。
Exercise is my daily routine.
ABC　daily routine「日課」

950
○ このアロマの匂いをかぐのが好きなの。
I like sniffing this aroma.

951
○ 夜は音楽のボリュームを下げなきゃ。
At night, we should tone down the music.
ABC　tone down ...「〜の音量を下げる」

952
○ この本の続きを読もう。
I'll read the rest of this book.
ABC　the rest of ...「〜の残り」

953
3年間、毎日日記つけてるんだ。

I've kept a diary for 3 years.

ABC keep a diary「日記を（毎日）つける」

954
今日のことを日記に書こう。

I'll write an entry in my diary about today's activities.

955
すっかりくたくただよ。

I'm worn out.

I'm so exhausted.

956
眠くなっちゃった。

I'm getting sleepy.

My eyelids are getting heavy.

957
明日も早く起きなきゃ。

As ever, I have to wake up early.

ABC as ever「いつものように」。as usualでもOK。

958
電気消して。

Turn off the light.

ABC turn off (the light)「（明かり）を消す」。turn on (the light)「（明かり）をつける」

959
おやすみなさい。

Good night.

960
いい夢を！

Sweet dreams!

30　1日のおわり［就寝前に］　日常生活

Chapter 3　日常生活

31 休日 ［朝寝坊をする・ブランチ］

961
○ 今日は遅くまで寝ていよう!
I'm going to sleep in today!
ABC　sleep in「(普段より)長く眠る」

962
○ 朝遅くまで寝させてね。
Let me sleep late in the morning.

963
○ 目覚ましはセットしないでおこう。
I won't set the alarm.

964
○ 時計が30分遅れてる!　でもまあいっか。土曜だし。
This clock is 30 minutes slow! But, oh well, I don't care. It's Saturday.
ABC　oh well「まあいっか」

965
○ 寝ると寝癖がついちゃう。
My hair gets messy when I sleep.

966
○ よだれ垂れてたよ。
You drooled.
< You dribbled.

967
○ 気持ちよさそうに寝てたね。
You seemingly had a good sleep.
ABC　seemingly「見たところでは」。apparentlyでもよい。

968
○ デートに遅れちゃう!
I'm going to be late for a date!

969
朝はブランチだけで大丈夫かな?
Is it OK with you if we just have brunch?

ABC Is it OK with you ...?「あなたは〜でいいですか?」

970
ブランチはいつも11時にとってるよ。
I always have brunch at eleven.

971
日曜日はいつもブランチなんだ。
On Sundays, I always have brunch.

ABC 語尾に複数形を表すsをつけることで、特定の曜日ではなく「毎週〜曜日」という意味になる。

972
ブランチの時間だ。
It's time to have brunch.

973
ブランチ、どこへ食べに行こう?
Where should we go for brunch?

974
あのレストランでブランチをとろう。
Let's have brunch at that restaurant.

975
ブランチにパンケーキはかかせない。
My brunch has to have a pancake.

976
卵とソーセージが食べたいな。
I want to eat eggs and sausages.

日常生活

31

休日［朝寝坊をする・ブランチ］

Chapter 3　日常生活

32 休日 ［掃除・洗濯をする］

977
◯ 今日は洗濯日和だ。

Today is a good day to <u>do the laundry</u>.

> ABC　do the laundry「選択をする」。do the washing も同じ意味。

978
◯ 洗濯しなきゃ。

I have to do the laundry.

979
◯ この服、洗っておいてくれる?

Could you wash these clothes?

980
◯ 洗濯物を干そう。

I'll <u>hang out</u> the washing.

> ABC　hang out「〜を干す」

981
◯ このシャツにアイロンをかけよう。

I'll iron this shirt.

982
◯ ジャケットをハンガーにかけておいたよ。

I <u>put the jacket on a hanger</u>.

> ABC　put ... on a hanger「〜をハンガーにかける」

983
◯ 服をたたんで、たんすにしまってくれない?

Will you <u>fold</u> the clothes and put them into the chest?

> ABC　fold「〜を折る、〜をたたむ」

984
◯ スーツをクリーニングに出しておいて。

Please take my suit to the cleaners.

142

985
ここのシミをとってくれませんか?
Would you remove this spot?

986
ズボンにきちんと折り目がついてるね。
The pants are neatly creased.

ABC creased「折り目がついた、しわがついた」。get creased up だと「しわだらけになる」。

987
ガレージで車を洗おう。
Let's wash the car in the garage.

988
車がピカピカになったね!
The car has become shiny!

989
玄関をほうきで掃いてくるね。
I'll sweep the entrance with a broom.

ABC sweep は「~を掃く」という意味。broom「ほうき」

990
モップで床を磨かなくちゃ。
I have to wipe the floor with a mop.

991
部屋が汚すぎる!
My room is so messy!

My room is so messed up!

992
机にはたきをかけたよ。
I dusted off the desk.

ABC dust off ...「~のほこりを払う」

32 休日[掃除・洗濯をする]

Chapter 3 日常生活

33 休日 ［だらだらする］

993
○ 今日は家でだらだらしよう。
Today, I'm <u>staying in</u> and doing nothing.
　ABC　stay in「家にいる」

994
○ 一日中ベッドにいたいなあ。
I want to stay in bed all day.

995
○ 出かける気分じゃないんだよね。
I'm not in the mood for going out.

996
○ 休日だからってごろごろしないの。
Don't <u>idle about</u> even on holidays.
　ABC　idle about「ごろごろ、だらだらする」

997
○ 休むのも仕事だよね。
Taking a rest is one of my duties.

998
○ しっかり充電できたよ。
I fully recharged my batteries.

999
○ ごろ寝してテレビを観ようっと。
I'll <u>lie around</u> and watch TV.
　ABC　lie around「ごろ寝する、ごろごろする」

1000
○ やっとやる気がでてきたよ。
At last, I feel motivated.

Chapter

4

旅行

空港や駅、レストランや観光名所など、旅行で使える一言を学びます。
特にアクシデントに遭遇したときのフレーズは、
必ず覚えておきましょう。

Chapter 4 ミニ会話

場面 **ホテルのフロントにて** DISC 2 ▶ 1

How may I help you?
ご用件をおうかがいします。
P162 1113

Check in, please.
チェックインをお願いします。
P158 1081

May I have your name?
お名前をいただけますか？
P158 1086

I have a reservation under Suzuki.
鈴木で予約しています。
P158 1085

We have been expecting you, Mr. Suzuki.

鈴木様、お待ちしております。

Can I get air miles?

マイルはためられますか？

Of course you can.

もちろんためられます。

Thank you. By the way, what do you recommend for sightseeing?

ありがとうございます。
ところで、おすすめの観光地はありますか？

Buckingham Palace is a must-see landmark.

バッキンガム宮殿は必見の史跡です。

I see. I will go there.

なるほど。行ってみます。

Chapter 4　旅行

1 旅行の準備をする①

1001
○ 今度の休みに海外旅行に行かない?
How about going abroad next vacation?

1002
○ ずっとヨーロッパには行ってみたかったんだ。
I always wanted to go to Europe.

1003
○ 今は治安は大丈夫なのかな。
I wonder how safe it is now.
ABC　wonder「〜だろうかと思う」

1004
○ 格安航空券、見つけられそう?
Can you find cheap tickets?

1005
○ 往復チケットで4万円ってどうかな?
How does 40,000 yen for a round-trip ticket sound?　ABC　How do(does) ... sound?で「〜についてどう思う?」。「片道チケット」はone-way ticket。

1006
○ ぼくのパスポート、来月切れちゃう。
My passport will expire next month.

1007
○ ビザの申請は必要かな?
Do we need to apply for a visa?

1008
○ パッケージツアーも考えてみる?
Should we consider a package tour?
ABC　ガイドつきツアーの場合はa guided tourと表す。

1009
○ 時差ってどのくらいかな?

What's the time difference?

ABC 〈A〉と〈B〉間の時差を聞きたい場合は、What's the time difference between 〈A〉and〈B〉?

1010
○ 向こうの天気はどんな感じ?

What's the weather like <u>over there</u>?

ABC over there「向こうの」

1011
○ 夜はけっこう冷えるみたいだよ。

It can get pretty chilly in the evening.

1012
○ 一応、セーターも1枚持っていこう。

I think I'll take a sweater <u>just in case</u>.

ABC just in case「念のため、一応」

1013
○ ガイドブック、買った?

Did you get a guidebook?

1014
○ ホテルはネットで予約したよ。

I booked a hotel online.

1015
○ 口コミはどうだった?

How were the customer reviews?

1016
○ B&Bもよさそうだよね。

<u>Bed and breakfast</u> looks good too.

ABC 朝食つきの部屋を提供する安価な宿泊施設のこと。略してB&Bとも言われる。

旅行

1 旅行の準備をする①

Chapter 4 　旅行

2　旅行の準備をする②

1017
○ 予算によるよね。
It depends on our budget.
ABC　depend on ...「〜による、〜次第である」(→P97-623)

1018
○ 海の見えるダブルルームを予約したいのですが。
I'd like to book a double room with an ocean view.
ABC　room with a [an] ... view「〜の眺めの部屋」

1019
○ 7月22日から3泊、まだ空いていますか?
Is it still available from July twenty-second for three nights?

1020
○ 1泊いくらですか?
How much is it for a night?

1021
○ 部屋にエアコンはありますか?
Does the room have an air-conditioner?

1022
○ 部屋でWi-Fiは使えますか?
Can I use Wi-Fi in the room?

1023
○ 何か割引はありますか?
Do you offer any discount?

1024
○ いつまでならキャンセルできますか?
Until when can I cancel?

1025
キャンセル料はいくらかかりますか?
How much is the cancellation fee?

1026
薬持っていくの忘れないでね!
Don't forget to bring medicine!
- Don't forget to ...「〜するのを忘れないで」

1027
現金はどのくらい持っていけばいいかな?
How much cash should I bring?

1028
荷造りはおわった?
Have you finished packing?

1029
荷物はなるべく軽くしたいな。
I want to travel light.
- travel light「身軽に旅行する、軽装で旅行する」

1030
これ全部持っていくの?
Are you going to take all this?

1031
これは向こうで買えるでしょ。
You can get this over there.

1032
このスーツケース、閉まるはずがないよ!
There is no way this suitcase will shut!
- There is no way ...「〜なわけがない、いくら何でも〜ない」

Chapter 4 旅行

3 空港 ［搭乗手続き］

1033
○ ターミナル2へはどうすれば行けますか?
How can I get to terminal 2?
ABC　How can I get to …?「〜へはどうすれば行けますか?」は道を尋ねる定番表現。

1034
○ チェックインしたいのですが。
I'd like to check in, please.

1035
○ パスポートを見せてください。
Your passport, please.

1036
○ 最終目的地はどこですか?
Where is your final destination?
ABC　destination「目的地、行先」

1037
○ チェックインはオンラインで済ませています。
I've already checked in online.

1038
○ チェックインするお荷物はありますか?
Do you have any baggage to check in?

1039
○ 恐れ入りますが、荷物が規定重量を超えています。
I'm afraid your baggage is over the limit.

1040
○ このかばんは機内に持ち込めますか?
Can I carry this bag on board?

1041
手荷物はいくつまで大丈夫ですか?
How much hand baggage am I allowed?
> 手荷物は carry-on baggage とも言う。

1042
できれば、通路側の席がいいです。
I'd like an aisle seat, if possible.
> aisle は「アイル」と発音する。窓側の席を言いたい場合は、window seat。

1043
バルクヘッドの座席を取ることは可能ですか?
Is it possible to get a bulkhead seat?
> bulkhead seat は、仕切り壁の直後の席。前に席がなく、足もとのスペースが広い。

1044
あいにく、ロサンゼルス行き88便に遅れが出ています。
I'm afraid flight 88 to Los Angeles has been delayed.
> be delayed「遅延している」はよく使われる表現。

1045
乗り継ぎに間に合いそうにないです。どうしたらいいですか?
I think I will be late for my transit. What should I do?

1046
免税店はどこですか?
Where is the duty-free shop?

1047
セキュリティーチェックを通った先にありますよ。
You will find it after you pass through the security check.

1048
搭乗券が見当たらない!
I can't find my boarding pass!
> boarding pass「搭乗券」

旅行 3 空港[搭乗手続き]

Chapter 4　旅行

4 空港 ［機内で］

1049
○ 日本の新聞はありますか?
Do you have any Japanese newspapers?

1050
○ あそこの席に移っても大丈夫ですか?
Can I move to that seat?

1051
○ かばんをそこに上げてもらえますか?
Could you put my bag up there, please?

1052
○ シートベルトをお締めください。
Please fasten your seat belt.

1053
○ 今、トイレに行っても大丈夫ですか?
Is it OK to use the lavatory now?

1054
○ すみません、通していただけますか?
Excuse me, may I get through?

ABC　隣の席の人をまたいで通路に出たいときに使う。

1055
○ ビーフとチキンがあります。どちらがよろしいですか?
We have beef or chicken. Which do you prefer?

ABC　Beef or chicken?とだけ聞かれることもある。

1056
○ チキンがいいです。
I'd like chicken, please.

ABC　Chicken, please. だけでも問題ないが、I'd likeをつけるとよりていねいになる。

1057
○ 枕をもう1ついただけますか?

Could I get another pillow?

1058
○ ヘッドホンが壊れているみたいなのですが。

My headset doesn't seem to work.

1059
○ お飲みものはいかがですか?

Would you like something to drink?

1060
○ 炭酸水を1杯いただけますか?

Can I have a glass of carbonated mineral water, please?

ABC　carbonated「炭酸を含ませた」

1061
○ 白ワインがいいです。シャルドネはありますか?

I'd like a white wine. Do you have Chardonnay?

1062
○ お座席を元の位置にお戻しください。

Please put your seat back to its normal position.

1063
○ 気分が悪いです。何か薬はありませんか?

I'm not feeling well. Do you have any medicine?

1064
○ 日本語を話せるスタッフはいますか?

Is there any staff member who can speak Japanese?

Is there any Japanese speaker?

Chapter 4　旅行

5　空港　[到着・入国審査・荷物受取・両替]

1065

○ 今回の訪問の目的は何ですか?

What's the purpose of your visit?

ABC　入国審査でほぼ必ず聞かれるフレーズ。

1066

○ 観光です。

Sightseeing.

1067

○ 仕事で来ました。

I'm here for business.

1068

○ 滞在期間はどのくらいですか?

How long will you be staying?

　　How many days will you be staying?

1069

○ 10日間です。

For ten days.

1070

○ どこに滞在しますか?

Where are you going to stay?

1071

○ リバーサイドホテルです。

At the Riverside Hotel.

1072

○ かばんの中身は何ですか?

What's in your bag?

1073
○ スーツケースが壊れたようです。

My suitcase seems to have been damaged.

1074
○ ぼくの荷物がどうも見つからないのですが。

I can't seem to find my baggage.

ABC can't seem to ...「〜できそうもない、〜できないようだ」

1075
○ 近くにATMはありませんか?

Is there an ATM around here?

1076
○ 両替したいのですが。

I'd like to exchange money.

1077
○ 円からドルで。

Dollars for yen, please.

ABC 両替所ではわざわざ「両替してください」と言わずに、通貨を伝えるだけでも通じる。

1078
○ 手数料はいくらですか?

How much is the commission?

ABC commission「代理手数料」

1079
○ レートのいい両替所はどこですか?

Where can I get a good exchange rate?

1080
○ 今、両替レートはいくらですか?

What's the exchange rate right now?

6 ホテル ［チェックインする］

Chapter 4　旅行

1081
○ チェックイン、お願いします。
Check in, please.

1082
○ お名前をいただけますか。
Your name, please.

1083
○ 今夜一晩、お部屋空いていますか?
Do you have any rooms available for tonight?

ABC　直訳「利用できる部屋」→「空き部屋」。同様に、seats available「利用できる席」→「空席」。

1084
○ 予約はしていないんです。大丈夫ですか?
I don't have a reservation. Is that OK?

1085
○ 鈴木で予約しています。
I have a reservation under Suzuki.

ABC　〈under＋名前〉で「～の名前で」の意味になる。

1086
○ もう一度、お名前いただけますか?
May I have your name again?

1087
○ スペルを言ってくださいませんか?
Could you spell that?

1088
○ 鈴木様、お待ちしておりました。
We have been expecting you, Mr. Suzuki.

1089
もうチェックインできますか？

Can I check in now?

1090
申し訳ございませんが、まだ部屋の準備ができていません。

I'm sorry, but the rooms are not ready yet.

> ABC 自分がこれから言おうとしていることが、相手にとって好ましくないときなどに使える。

1091
チェックインの時間まで、荷物を預かってもらえますか？

Could I leave my baggage until check-in time?

1092
バスタブつきの部屋は空いていますか？

Do you have a room with a bathtub available?

1093
シャトルバスをずっと待っているのに、まだ来ないのですが。

I've been waiting for a shuttle bus for hours, but it hasn't arrived yet.

1094
マイルはためられますか？

Can I get air miles?

1095
チェックアウトは何時までですか？

What time should I check out by?

1096
では、お部屋までご案内いたします。

I will show you to the room now.

Chapter 4　旅行

7 ホテル［部屋について］

1097
○ なかなか居心地のよさそうな部屋だね。
This room looks quite cozy.
ABC　cozy「居心地のよい」

1098
○ バスルームもいい感じだよ!
We have a nice bathroom too!

1099
○ わあ、すごく広い!　かなり期待以上だね!
Wow, so big! It's much better than we expected!　ABC　〈比較級+than+主格+expected〉で、「思った以上に〜だ」という意味。

1100
○ ミニバーはどんな感じかな。
Let me check the mini bar.

1101
○ うーん…。ここ、何か変な匂いがするよ。
Hmm... It smells funny in here.
ABC　hereは基本的に前置詞不要だが、部屋などの室内である意味を強調する場合はin hereと言う。

1102
○ 窓が開かない!
The window doesn't open!

1103
○ ネットの写真で見たのとずいぶん違うね。
It's not even close to the picture on the web site.　ABC　close to ...「〜に近い」。closeの発音は「クロウス」と、「ス」が濁らない。

1104
○ ちょっとほこりっぽいよ、この部屋。
It's kind of dusty in here.
ABC　kind of ...「なんだか〜」。I kind of have a fever.「なんだか熱っぽい」という意味になる。

1105
部屋が掃除されていません。
My room hasn't been cleaned.

1106
カギを部屋に置いたままドアを閉めてしまいました。
I have locked myself out.
> I left the room key inside the room.

1107
エアコンが動かないみたいなんですが。
The air-conditioner doesn't seem to work.

1108
シャワーからお湯が出ないのですが。
We don't have any hot water in the shower.
> There's no hot water in the shower.

1109
どうも部屋からWi-Fiがつながらないのですが。
I can't seem to connect to Wi-Fi from my room.
can't seem to ... → P157-1074

1110
部屋にタオルが一人分しかありません。
There's only one set of towels in the room.

1111
隣の部屋の人たちがうるさすぎます。何とかしてください！
The people in the next room are way too loud. Please do something!
way too → P90-562

1112
部屋のカギをなくしてしまいました。
I've lost the room key.

Chapter 4 旅行

8 ホテル [要望を伝える]

1113
はい、フロントです。いかがなさいましたか?
Hello, reception desk. How may I help you?

1114
もしもし、1203号室の鈴木カナコです。
Hello, this is room 1203, Kanako Suzuki speaking.
< Hello, this is Kanako Suzuki in room 1203.

1115
何か問題ございますか?
Is there any problem?

1116
まだルームサービスを頼めますか?
Is room service still available?

1117
ルームサービスを頼みたいのですが。
I'd like to order room service, please.
ABC I'd like toだけでもていねいだが、文末に …, please.をつけることでよりていねいになる。

1118
インターネットにつながりません。
I can't connect to the Internet.

1119
Wi-Fiのパスワードをもらえますか?
Can I have the password for Wi-Fi?

1120
モーニングコールを7時にかけていただけますか?
Could you give me a wake-up call at 7?
< I'd like to have a wake-up at 7.

1121
◯ 明日の朝9時にタクシーをお願いしたいのですが。
I'd like to get a taxi tomorrow morning at 9.

1122
◯ タオルを余分にもらえますか?
Can I have an extra towel?

1123
◯ ドライヤーを貸してもらえますか?
Can I borrow a hair dryer?

1124
◯ ランドリーサービスの価格表をもらえますか?
Can I have a price list for the laundry?

1125
◯ 部屋を変えてもらうことは可能ですか?
Is it possible to change rooms?

1126
◯ もう少し景色のいい部屋に変えてもらえませんか?
Could you move me to a <u>room with a better view</u>?

ABC room with a [an] ... view ➔ P150-1018

1127
◯ トイレが詰まってしまいました。
The toilet is clogged.

ABC 「トイレが流れません」は The toilet doesn't flush.

1128
◯ 来て確認していただけますか?
Could you come and check it?

Chapter 4　旅行

9　ホテル ［朝食・チェックアウト］

1129
◯ 起きて！　朝食に間に合わないよ！
Wake up! Or we will miss our breakfast!

1130
◯ 代わりにルームサービスにしようよ。
Let's get room service instead.
ABC　instead「〜の代わりに」。代替案を提案するときなどに使える。

1131
◯ 朝食は何時まで食べられますか？
Until what time can I have breakfast?

1132
◯ 朝食はどこで食べられますか？
Where can we have our breakfast?

1133
◯ 部屋で朝食を食べてもいいですか？
Can I have breakfast in my room?
Is it possible to have breakfast in my room?

1134
◯ コーヒーがどこにも見当たらないのですが。
I can't find coffee anywhere.

1135
◯ のちほど、紅茶をお席にお持ちします。
I will bring a cup of tea to your table later.

1136
◯ グレープフルーツジュースはありますか？
Do you have grapefruit juice?

1137
チェックアウトしたいのですが。
I'd like to check out, please.
> ABC Check out, please. だけでもOK。

1138
部屋番号をお願いできますか?
Can I have your room number, please?

1139
この追加料金は何ですか?
What is this extra charge for?

1140
部屋から国際電話をかけられましたね。
You made an international call from your room.

1141
ミニバーは使いましたか?
Did you use the mini bar?

1142
ミニバーからは何もとっていません。
I didn't take anything from the mini bar.
> I had nothing from the mini bar.

1143
もう1日、延泊できますか?
Could we extend our stay for a night?

1144
よい滞在でした。ありがとうございました。
We enjoyed our stay. Thank you very much.

Chapter 4　旅行

10 観光 ［名所に行く］

1145
○ まずはどこに行こうか?
Where should we go first?

1146
○ メトロポリタン美術館は外せないでしょ。
We can't possibly miss the MMA.
ABC　can't possibly「〜するはずがない」。MMAはMetropolitan Museum of Artの略。

1147
○ 入場料はいくら?
How much is the admission?
How much should we pay for the admission fee?

1148
○ チケット買うのに並ばなきゃいけないね。
We have to wait in line to get tickets.
ABC　wait in line to ...「〜するために列になって待つ」

1149
○ ネットで予約しておけばよかったね。
We should have booked online.
ABC　<should have+過去分詞>で「〜すべきだった」の意味。

1150
○ こんなに天気がいいのに、建物にこもるのはもったいないよ。
The weather is too beautiful to be stuck inside.
ABC　be stuck inside「（家やオフィスなどの）建物にこもる」

1151
○ 美術館は天気の悪い日にとっておこうよ。
Let's save the museums for the bad weather.

1152
○ 塔からの眺めは絶景らしいよ。
I heard that the view from the tower is spectacular.

1153
旧市街を散策するだけでもいいな。

I'd like to just walk around the old town.

1154
信じられない！ ついにこれを見られた！

Oh my goodness! I finally managed to see this!

ABC manage to ...「どうにかして（何とかして）〜する」

1155
テレビで観るよりもかなり小さいんだね。

It looks a lot smaller than how it looks on TV.

ABC 比較級を強める語句はさまざま。by far も使える。

1156
おすすめの観光地はありますか？

What do you recommend for sightseeing?

What is your recommendation for sightseeing?

1157
バッキンガム宮殿は必見の史跡です。

Buckingham Palace is a must-see landmark.

ABC must-see「必見の、見るべき」

1158
うわあ、観光客であふれているね！

Wow, it's crowded with many tourists!

1159
この辺のレストランは旅行者向けすぎて、何でも値段が高いよ。

Restaurants around this area are a bit too touristy so everything is expensive.

1160
たくさん歩いたから、くたくただよ。

I'm exhausted from walking around.

ABC be exhausted from ...「〜で疲れ果てる」

旅行

10 観光［名所に行く］

Chapter 4 旅行

11 観光 [写真を撮る]

1161
○ 写真撮ろう!
Let's take a photo!

1162
○ 自撮りしたい。
I want to take a selfie.

1163
○ 写真撮ってもらえますか?
Do you mind taking a picture for us?
< Could you take a picture for us?

1164
○ 写真撮りましょうか?
Do you want me to take a picture for you?
< Shall I take a picture for you?

1165
○ ちょっとボケてるね。
It's a bit out of focus.
< It's blurred a bit.

1166
○ きみのカメラいいね!
I really like your camera!

1167
○ 一眼レフほしいんだよね。
I want to get a SLR camera.
ABC SLR camera = single-lens reflex camera「一眼レフカメラ」

1168
○ 携帯に写真送って!
Send it to my phone!

1169
きみ、また目つぶってるよ。
You closed your eyes again.

1170
ぼく、写真写りがそんなによくないんだよね。
I'm not that photogenic.

1171
彼、写真写りはいいよね。
He looks good in pictures.

1172
この写真、フェイスブックに載せてもいい?
Do you mind if I post this photo on Facebook?

Do you mind if I ...? は Can I ...? にも言い換えられる。

1173
いいけど、タグづけしないでね。
No, but don't tag me.

Do you mind ...? と聞かれたとき、「いいよ」は No、「よくない」と答えたい場合は Yes と言う。

1174
ここで写真を撮ってもいいですか?
May I take a picture here?

1175
大丈夫です。でも、フラッシュはたかないでください。
Yes, but without the flash please.

1176
ここでみんなで撮らない?
Why don't we take a group picture here?

Chapter 4　旅行

12 観光 ［ツアーに参加する］

1177
◯ 観光案内所でツアーについて聞いてみようよ。
Let's ask at the tourist information about the tours.

1178
◯ ツアーの案内、いただけますか?
Could I get a leaflet for the tours you have?

1179
◯ 半日ツアーはありますか?
Do you have a half day tour?
> 1日ツアーなら one day tour。

1180
◯ 値段に昼食代は含まれていますか?
Does the price include lunch?
> Is lunch included in the price?

1181
◯ 歴史的建物に興味があるのですが。
I'm interested in historical buildings.

1182
◯ 旧市街でのウォーキングツアーを探しているのですが。
We are looking for a walking tour in the old town.

1183
◯ このツアーはどのくらい時間がかかりますか?
How long does this tour take?
> How long do(does) ... take?「〜はどれくらい時間がかかりますか?」

1184
◯ ツアーの予約をする必要はありますか?
Do I need to book for the tour?

1185
日本語のツアーはもう予約でいっぱいだって。

They say the guided tour in Japanese is already fully booked.

1186
ガイドツアーに参加したいのですが。

I'd like to sign up for the guided tour.

ABC sign up for…「～に申し込む、参加する」

1187
バスツアーもあるみたいだね。

Looks like there is a bus tour as well.

ABC as well「同様に」

1188
観光周遊バスで十分だと思うよ。

The Hop on Hop off bus is enough, I think.

ABC Hop on Hop off busとは、観光用の、乗り降り自由なガイドつきバスのこと。

1189
次のガイドツアーは何時からですか?

What time is the next guided tour?

1190
音声ガイドだけ借りればいいよ。

It is enough to get the audio guide.

ABC It is enough to …「～するだけで十分だ」

1191
日本語の音声ガイドはありますか?

Do you have an audio guide in Japanese?

1192
彼女の英語、全然聞き取れない!

I can't understand anything she is saying in English!

I can't understand what she is saying in English at all!

旅行

12 観光[ツアーに参加する]

Chapter 4　旅行

13 交通手段 ［電車・地下鉄に乗る］

1193
○ 地下鉄の入り口はどこだろう？
Where is the entrance to the subway station?
ABC イギリスではsubwayは「地下道」を表す。「地下鉄」は、undergroundまたはtubeと言う。

1194
○ 地下鉄のチケットってどういうシステムなの？
How does the ticket system work for the subway?

1195
○ 乗車券だけ買えばいいのかな？
Do I just need to buy a ticket?

1196
○ 1日乗り放題券を買おう。
Let's get a one day pass.

1197
○ 渋谷行きはこの電車で合ってますか？
Is this the right train to Shibuya?

1198
○ 地下鉄の路線図、ありますか？
Do you have a route map for the metro?

1199
○ 次の駅はどこですか？
What is the next station?

1200
○ Cラインに乗るにはどこで乗り換えたらいいですか？
Where should I transfer to take the C Line?
ABC transfer「乗り換える」

1201
サンフランシスコまでの往復チケットはいくらですか?
How much is the round-trip ticket to San Francisco?

1202
寝台車がいいのですが。
I'd like to take a sleeper train.

1203
指定席をとらないと座れないと思いますか?
Do you think I should make a reservation for a seat on the train?

1204
そのほうが確実ですよ。
It's safer that way.

1205
自転車を持って電車に乗ることは可能ですか?
Is it possible to take my bicycle on the train?

1206
新宿まで、一番簡単な行き方は何ですか?
What is the easiest way to get to Shinjuku?

1207
東京駅はここから6駅ですよ。
It's six stops from here to Tokyo station.

1208
時間がかかっても乗り換えはあまりしたくありません。
I'd prefer not to transfer trains even if it takes longer. I'd prefer to ...「〜したい」を否定形にするときのnotの位置に注意。

Chapter 4　旅行

14 交通手段 ［バス・タクシーに乗る］

1209
○ 13Aのバスはどこから乗れますか？
Where can I get bus 13A?

1210
○ このバスは中央駅に行きますか？
Does this bus go to Central station?

1211
○ 市役所で降りないといけないんですが、もう通り越してしまいましたか？
I'm supposed to get off at City Hall, but have you already passed it?

1212
○ まだですよ、あと2つです。
No, it's two more stops.

1213
○ そこに着いたら教えてください。
Please let me know when we arrive there.

1214
○ 動物園に行くのに、違うバスに乗ってしまったようなのですが。
I think I took the wrong bus to go to the zoo.

1215
○ タクシーはどこで拾えますか？
Where can I get a taxi?
　　< Where can I catch a taxi?

1216
○ 行き先はどちらまで？
Where to?
　　< Where are you going to?

1217
空港までお願いします。
I'd like to go to the airport, please.

1218
空港まではタクシーでどのくらいかかりますか?
How long does it take to the airport by taxi?

1219
トランクを開けてもらえますか?
Could you open the trunk?

1220
トランクにこの荷物を入れてもらえますか?
Could you put this baggage in the trunk?

1221
急いでもらえますか?
Could you go faster?

1222
途中でコンビニに寄ってもらえますか?
Could you <u>stop by</u> the convenience store on the way?

ABC stop by「立ち寄る」

1223
次の角で止めてください。
Please <u>pull over</u> at the next corner.

「(車を片側に寄せて)止める」。stopと言うと、「道の真ん中に止める」の意味にとられる場合も。

1224
おつりはとっておいてください。
Keep the change.

14 交通手段[バス・タクシーに乗る] 旅行

Chapter 4 旅行

15 道案内 ［道に迷う・案内する］

1225
迷った気がする。
I think I'm lost.

1226
どこにいるのかわかりません。
I don't know where I am.

1227
そうだ！ きみ、かなりの方向音痴だよね。
I remember now! You totally have no sense of direction.

ABC have no sense of direction「方向音痴である」

1228
ぼくが地図読めないこと、よく知ってたでしょ。
You knew well enough that I can't read maps.

1229
次のガソリンスタンドで止まって、道を聞こうよ。
Let's stop at the next gas station and ask for directions.

ガソリンスタンドは和製英語。gas stationと言うことに注意。

1230
駅までの行き方を教えてもらえませんか?
Could you tell me the way to the station?

ABC Could you tell me the way to...?「～までの行き方を教えていただけますか?」

1231
すみません。ぼくもここは初めてなんです。
I'm sorry. I'm a stranger here too.

ABC stranger「(場所について言うとき)不案内な人、不慣れな人」

1232
間違ったところで曲がってしまったようです。
Looks like I took a wrong turn.

1233
○ その次の角を左に曲がったら、すぐにそこに着きますよ。

Turn left at the next corner, and you will be there soon.

1234
○ 突き当たりまで真っすぐ行って、そこを右です。

Go straight to the end of the road, and then turn right.

1235
○ 歩いて行ける距離ではないので、タクシーを拾ったほうがいいですよ。

It's not walking distance, so you should take a taxi.

1236
○ 郵便局の向かいにありますよ。

You'll find it on the opposite side of the post office.

同じ通りにある場合は、You'll find it on the same street.

1237
○ ほら、あそこですよ。

Look, it's just over there.

1238
○ ここからどのくらい歩きますか?

How long does it take on foot?

ABC on foot「徒歩で」

1239
○ 案内しますよ。

I can take you there.

1240
○ そっちは教えた道じゃないよ!

That's not the way I told you!

Chapter 4 旅行

16 食事 [レストラン・カフェに行く]

1241
○ このあたりでおいしい中華知りませんか?
Do you know any good Chinese restaurants around this area?

1242
○ 豪華なレストランに行きたいな。
I want to go to a fancy restaurant.

1243
○ 夕食おごるよ。
I'll buy you dinner.

「おごる」の表現はさまざま。It's on me. / I'll treat you to dinner.

1244
○ わたしは安くて気軽に食べられるところがいいな。
I prefer somewhere inexpensive and casual.

inexpensiveは単純に価格の低さを表すが、cheapには安っぽいという含みがあるため注意。

1245
○ 地元の人に人気のお店が知りたいです。
I would like to know a place popular among the locals.

local(s)「地元の人(々)」

1246
○ 近くにおいしいレストランはありませんか?
Are there any good restaurants near here?

1247
○ 何か伝統的なものを食べてみたいな。
I'd like to try something traditional.

<something+形容詞>で「何か<形容詞>なもの」。something new「何か新しいもの」

1248
○ 郷土料理を食べるなら、どこをおすすめしますか?
Where would you recommend for trying local specialties?

1249
予約の電話がつながらないよ。

I cannot get through to reservations.

ABC　get throughにはさまざまな意味があるが、「（電話が）通じる、連絡がつく」という意味もある。

1250
2名で予約をお願いします。

I'd like to make a reservation for two, please.

1251
何名様ですか？

How many in your party?

ABC　How many?とだけ聞かれることも。party「一団、団体」

1252
7時半から3名で予約しています。

We have a reservation for three at 7:30.

1253
あなたのお気に入りのカフェに連れていってよ。

Take me to one of your favorite cafes.

1254
このカフェはチーズケーキで有名なんだよ。

This cafe is famous for its cheese cake.

1255
ちょっとあそこのカフェでコーヒー休憩しよう。

Let's take a coffee break at that cafe.

ABC　take a break「休憩をとる」

1256
昨日入ったカフェは雰囲気よかったね。

The cafe we went to yesterday had a really nice atmosphere.

16 食事［レストラン・カフェに行く］

Chapter 4　旅行

17 食事 ［料理を注文する①］

1257
◯ メニューを見せてもらえますか?
Can I have the menu, please?

1258
◯ 日本語のメニューはありますか?
Do you have the menu in Japanese?

1259
◯ 辛いもの好き?
Do you like spicy food?

1260
◯ 辛いものは食べられないんだ。
Spicy food doesn't <u>agree with</u> my stomach.
ABC　agree withには「(食べもの・作品などが) 人の好みに合う」という意味もある。

1261
◯ わたし、お肉は食べないの。
I don't eat meat.

1262
◯ 貝類アレルギーです。
I'm allergic to shellfish.
≒ I have an allergy to shellfish.

1263
◯ 今日はこってりなバーガーの気分だな。
I'm <u>in the mood for</u> a big fat burger.
ABC　in the mood for ➜ P86-535

1264
◯ ちょっと軽めのものがいいのですが。
I'd like to have something light.

1265
○ 時間がないので、すぐできるものがいいです。
I don't have much time, so something quick <u>will do</u>.
　　ABC　will do「役に立つ、間に合う」

1266
○ シーザーサラダ、わけない？
Why don't we <u>share</u> the Caesar's salad?
　ABC　食べものをわけるときはshareを使う。

1267
○ ご注文はお決まりですか？
Are you ready to order?

1268
○ もう少し待ってください。
We need another minute to decide.

1269
○ 決められないよ！
I can't decide!

1270
○ 注文をお願いします。
We'd like to order.

1271
○ わたしはこのクラブハウス・サンドイッチをお願いします。
I'll have the club house sandwich, please.

1272
○ ぼくはビーフステーキをお願いします。
For me, beef steak please.

Chapter 4　旅行

18 食事 ［料理を注文する②］

1273
○ ステーキの焼き加減はいかがなさいますか?
How would you like your steak?

1274
○ ミディアムレアでお願いします。
Medium rare, please.
ABC rare「レア(ほぼ生)」、medium「ミディアム(中くらい)」、well-done「ウェルダン(よく焼けた状態)」

1275
○ これはどんな料理ですか?
Could you tell me what kind of dish this is?
< What's this like? でもOK。

1276
○ 何が入っているんですか?
What's in it?

1277
○ 今日のおすすめは何ですか?
What is today's special?

1278
○ 今日のスープは何ですか?
What is the soup of the day?

1279
○ これとこれと…これをお願いします。
This one, this one... and this one, please.
ABC メニューを指さしながら注文するときはメニューの名前を言わなくても通じる。

1280
○ サイドディッシュはポテトフライではなく、ベークドポテトにしてもらえますか?
Could I have a baked potato instead of French fries on the side?

1281
お水を1杯いただけますか?
Could I have a glass of water?

1282
水道水で大丈夫です。
Tap water will be fine.

> ペットボトルなどの容器に入った飲料水のことはbottled waterと言う。

1283
もう30分以上待っているんですが。
We've been waiting for more than half an hour.

1284
このスープ、すっかり冷めてしまってます。温めてもらえますか?
This soup has got too cold. Could you warm it up?

1285
このトルティーヤチップス、しけってるんですが。新鮮なもの、もらえますか?
These tortilla chips are too stale. Can I get some fresh ones? すでに出てきたものを繰り返すときはone(複数形はones)を使う。

1286
これは、わたしの注文したものと違うようです。
I don't think this is what I ordered.

1287
髪の毛が入ってるんですけど。
I found a hair in my dish.

1288
サラダがまだきていないのですが。
I'm afraid you forgot my salad.

---

18 食事[料理を注文する②]

Chapter 4　旅行

19 食事 ［料理の感想・追加オーダー］

1289
○ すごくおいしい！
It's simply delicious!

ABC　simply を入れることで、うしろの形容詞を強調する。「ただただ〜だ」。

1290
○ うーん！　至福！
Mmm! Heavenly!

1291
○ うん、まずくないよ。
It's good.

言い方によっては「おいしいよ！」という意味より「まあまあかな」とネガティブな表現になる。

1292
○ うーん、おもしろい食感だね。
Hmm... interesting texture.

1293
○ これは、ちょっとしょっぱいな。
It's a bit salty.

1294
○ 堅すぎるね。
It's too tough.

1295
○ 同じのを注文すればよかった。
I should have ordered the same one.

1296
○ こんなのだとは思わなかった。
This is not what I expected.

1297
○ このレストラン、過大評価されすぎだよ。
I think this restaurant is underrated.
ABC overrate「〜を過大評価する」

1298
○ ワインリストを見せていただけますか?
May I see the wine list?

1299
○ ワインをもう1杯いただけますか?
Could I have another glass of wine?

1300
○ 飲みもののおかわりはいかがですか?
Would you like a refill?
ABC refill「おかわり」

1301
○ デザートはいかがですか?
Would you care for any dessert?

1302
○ デザートのメニュー見せてもらってもいいですか?
Can I have a look at the dessert menu?
ABC have a look at「〜を見る、〜を一見する」

1303
○ デザートをわけたいのですが、いいですか?
Do you mind if we share the dessert?

1304
○ かなりおなかいっぱいだ。
I'm quite full.

旅行 19 食事［料理の感想・追加オーダー］

185

Chapter 4　旅行

20 食事 ［支払いをする・レストランを出る］

1305
○ これ包んでもらえますか?
Could you wrap this for me?
　料理が多かった場合、こう言えば持ち帰り用に包んでくれる。欧米ではよくある習慣。

1306
○ チップはいくら払えばいいのかな?
How much do we have to tip?

1307
○ お会計はテーブルでできるみたいだね。
It looks like we can pay at our table.

1308
○ 伝票もらえますか?
Could we have the check, please?
　Check, please. だけでもOK。

1309
○ 割り勘にしようよ。
Let's split the bill.
　split「〜をわける」。Let's go Dutch. も「割り勘にしよう」という意味。

1310
○ わたしの分はいくら?
How much is my share?

1311
○ まとめて支払います。
We will pay it altogether.

1312
○ 別々に払っても大丈夫ですか?
Can we pay separately?

1313
かしこまりました。お一人様、25ドルです。
Certainly. It will be 25 dollars each.

1314
カードで払えますか?
Do you take credit cards?
　I'd like to pay by credit card.

1315
現金で払います。
I'll pay in cash.

1316
合計金額が間違っていると思うのですが。
I'm afraid the total is not correct.

1317
もう一度、計算してもらえますか?
Could you calculate it again?

1318
これはチップが含まれた合計金額ですか?
Does this total include the tip?

1319
おつりが間違っているようです。
I don't think I've got the right change.
　I'm afraid you gave me the wrong change.

1320
タクシーを呼んでもらえますか?
Could you call a taxi for us?

Chapter 4　旅行

21 ショッピング ［洋服・靴①］

1321
○ 何かお探しですか?
May I help you?

1322
○ 見ているだけです、ありがとう。
I'm just looking, thank you.

1323
○ ジャケットを探しているのですが。
I'm looking for a jacket.
ABC　look for ...「〜を探す」

1324
○ 申し訳ございませんが、それは品切れ中です。
Sorry, but it is out of stock.

1325
○ 同じもので違うサイズはありますか?
Do you have the same one in a different size?

1326
○ 試着してもいいですか?
Can I try it on?
ABC　try ... on「〜を試着する、履いてみる」。洋服だけではなく靴にも使える。

1327
○ ちょっときつすぎるかな。
It's a bit too tight.

1328
○ 残念、入らないや。
It's a shame it doesn't fit me.

1329
○ うーん…。ちょっと違うかな。

Hmm... I don't think it's for me.

1330
○ とてもお似合いですよ。

It looks very nice on you.

> ABC　洋服などが主語のときの前置詞はon。人が主語の場合はYou look great in this suit.とinを使う。

1331
○ 大きすぎるみたいです。小さいサイズを試してもいいですか?

It looks too big on me. Can I try a smaller size?

1332
○ これが一番小さいサイズなんですよ。

This is the smallest we have.

1333
○ あの店で今、大セール中だよ。

That store is having a huge sale at the moment.

1334
○ このスカート、セールで買ったの! 半額だった!

I got this skirt on sale! It was half price!

> ABC　on sale「セールで、特価で」

1335
○ 夏の大安売りだよ!

Big summer blowout!

1336
○ 2つ買えば、1つ無料!

Buy two, get one free!

> ABC　「〜つ買えば、...つ無料」というこの言い方は店内の掲示などでよく見られる。

---

21 ショッピング[洋服・靴①]

Chapter 4　旅行

22 ショッピング ［洋服・靴②］

1337
○ 調子に乗って買いすぎちゃったかな。
I think I got carried away and bought way too much.
ABC　get carried away「調子に乗る、図に乗る、やりすぎる」

1338
○ うそでしょ！　これ全部でたったの10ドルなの?
No way! All these for only 10 dollars?

1339
○ それは「安物買いの銭失い」だよ。
It's "penny wise and pound foolish."
ABC　英語のことわざ。直訳すると、「ペニー（小銭）にかしこく、ポンド（大金）におろか」ということ。

1340
○ ハイヒールで歩きやすいものを見つけたいのですが。
I'd like to find a pair of high heels that are comfortable to walk in.
ABC　靴を数えるときに使う単位。

1341
○ インチでの自分のサイズがわからないんです。
I don't know what size I am in inches.

1342
○ 靴のサイズを測ってもらえますか?
Could you check my shoe size?

1343
○ この靴、ぴったりです。
These shoes fit perfectly.

1344
○ ヒールがもう少し低かったら完璧なんだけどなあ。
If the heels were a bit lower, they would be perfect.
ABC　現在の事実と違うことを言いたい場合の仮定法。if節の動詞は過去形になる。

1345
指先がきついです。
It's too tight around the toe.

1346
じゃあ、これにします。
OK, I'll take it.

1347
ちょっと考えますね。
I'll think about it.

1348
あとで返品か交換できますか?
Is it possible to return or exchange later?

1349
これいくらですか?
How much is this?

1350
安くすることはできますか?
Could you give me a discount, please?

> Discount, please. でも通じるが、Could you ..., please?とするとていねいな言い方になる。

1351
少しなら安くできますよ。
We can give a small discount.

1352
2つで100ドルはどうですか?
How about 100 dollars for two?

Chapter 4　旅行

23 ショッピング ［アクセサリー・小物］

1353
○ ピアス買いたいな。
I want to buy some earrings.
🔊 ピアスも、英語ではイヤリングと言う。

1354
○ そんなに高くないね。
They are not that expensive.
[ABC] 形容詞の前のthatは「そんなに〜」の意味。That food is not that hot.「そんなに辛くない」

1355
○ かなりお買い得だね。
It's actually quite a bargain.

1356
○ 値札のゼロが1つ多いよ！
There's one zero too many on the price tag!

1357
○ この指輪、すごく好き！
I love this ring!

1358
○ 素敵なデザインですね。
It has a nice design.

1359
○ これは手作りなんですか？
Is this handmade?

1360
○ これでゴールドはありますか？
Do you have it in gold?
　　Do you have a gold one?

1361
○ あのかばんを見せてもらえますか?
Can I see that bag?

1362
○ シンプルなものを探しています。
I'm looking for something simple.

1363
○ これは上品な感じですね。
This looks elegant.

1364
○ 素材は何ですか?
What is this made of?

ABC 材料の形質・性質が残っている場合は made of、変わる場合は made from と言う。

1365
○ このピアスとおそろいの指輪はありますか?
Do you have a matching ring for these earrings?

ABC matching「同型の、おそろいの」

1366
○ 指のサイズを測ってもらえますか?
Could you measure my finger?

1367
○ これ、日本円でいくらになりますか?
How much is this in yen?

1368
○ プレゼント用にラッピングしてもらえますか?
Could you wrap it as a gift?

23 ショッピング [アクセサリー・小物]

Chapter 4　旅行

24 ショッピング [スーパー・薬局]

1369
○ グルテンフリーのパンはありますか?

Do you have any gluten-free bread?

ABC -free「〜のない」。smoke-free restaurant「禁煙のレストラン」

1370
○ 見て! タイムセールで20パーセント引きだって!

Look! This is 20 percent off for a limited time!

「タイムセール」は和製英語。

1371
○ メンバーズカードがないと割引にならないと思うよ。

I think we need a member's card to get the discount.

1372
○ ただで作れるんじゃないかな。

Maybe we can make one for free.

ABC for free「ただで、無料で」

1373
○ しょうゆは置いてたりしますか?

Do you happen to have soy sauce?

ABC Do you happen to ...?「ひょっとして〜?、もしかして〜?」

1374
○ ありますよ、A列の、オリーブオイルの隣にあります。

Yes, you will find it in aisle A, next to the olive oil.

1375
○ 米製品はありますか?

Do you have rice products?

1376
○ 棚の一番下にあるはずなんですが。

It should be on the bottom of the shelf.

ABC shouldには「〜のはずだ」という意味もある。

1377
見てみたんですけど、なかったです。

I looked, but couldn't find it.

1378
在庫を探してみますね。

I'll check the stock.

ABC stock「在庫品」

1379
すみません、もう出ているだけです。

I'm sorry, that's the only one we have at the moment.

1380
トイレットペーパーはどこにありますか?

Where can I find toilet paper?

1381
すみません、もう売り切れていますね。

Sorry, it's already sold out.

1382
ビタミン剤がほしいのですが。

I'd like to get some vitamins.

vitaminの発音は「ヴァイタミン」。

1383
頭痛に効く薬は何かありますか?

Do you have any medicine for headaches?

1384
これは6時間ごとに1錠ずつ飲んでください。

Please take one tablet every six hours.

Chapter 4　旅行

25 おみやげを買う

1385
○ 会社の人に何か買わないと。
I need to get something for my coworkers.

1386
○ 何を買ったらいいか、いいアイデアない?
Do you have any idea what I should get?
> Do you have any idea に続く節の語順に注意。

1387
○ 予算はいくらぐらいなの?
How much do you want to spend?

1388
○ 10ドル程度のものを探しているよ。
I'm looking for something around 10 dollars.
> aboutだけでなく、aroundにも「約〜」という意味がある。

1389
○ 一番人気のおみやげって何ですか?
What are the most popular souvenirs?

1390
○ 別々に包んでもらえますか?
Could you wrap these separately?

1391
○ 袋を余分にもらえますか?
Can I have some extra bags?

1392
○ ここでしか買えないものってありますか?
Is there anything I can only get here?

1393
これと同じもの、別のお店で見たよ。
I've seen the same one at a different store.

1394
ほかのお店のほうが格段に安かったな。
It was a lot cheaper at the other store.

1395
同じに見えても、質が違うんです。
It may look the same, but the quality isn't.

1396
これは本革で作られているから、ちょっと高いんだね。
Since this is made of genuine leather, it's kind of expensive.

genuine「本物の、正真正銘の」

1397
違うみたいだよ、このタグを見て!
Nope, check the tag here!

1398
これは、スコットランド製ですか?
Is this made in Scotland?

1399
これには何か特別な意味があるんですか?
Does this have any specific meaning?

1400
女性用であれば、こちらのハンドクリームがおすすめです。
If it's for a female, I recommend this hand cream.

female「女性の」。male「男性の」

1401
○ これ、自分用にほしいな。

I want this <u>for myself</u>.

ABC for oneselfで「～のために」。by oneselfにすると、「1人で、独力で」と違う意味になる。

1402
○ まだ会社用のおみやげ、何も買ってないよ!

I still haven't bought anything for my office!

< I haven't bought anything for my office yet!

1403
○ 空港でチョコレート1箱だけ買おう。

I'll just get a box of chocolate at the airport.

1404
○ これは常温保存でも大丈夫ですか?

Is it OK to keep this at <u>room temperature</u>?

ABC room temperature「常温」

1405
○ 免税で買うことはできますか?

Can I get it tax-free?

ABC 「どうすれば免税してもらえますか?」はHow can I get it tax-free?と言う。

1406
○ 空港にある免税カウンターでこの用紙を提出してください。

Please turn in this paper at the tax refund counter at the airport.

1407
○ これは機内に持ち込めるんですか?

<u>Am I allowed to</u> carry this on board?

ABC be allowed to ...「～することを許可されている」

1408
○ 乗り換えがなければ大丈夫です。

If you don't have to transit, it won't be a problem.

---
25 おみやげを買う

Chapter 4 旅行

26 おみやげを送る

1409
◯ これ全部持って帰れそうにないのですが。
I don't think I can take all of this back home.

1410
◯ 日本に送ることはできますか?
Is it possible to ship it to Japan?
ABC　shipは「〜を発送する」という意味。船便、航空便、トラック便などいずれに対しても使える。

1411
◯ 当店では海外発送サービスをご利用いただけます。
International shipping service is available in our store.

1412
◯ 日本に送るのにはいくらかかりますか?
How much does it cost to send this to Japan?
ABC　How much does it cost to …?「〜するのにはいくらかかりますか?」(金額を尋ねる場合)

1413
◯ 航空便で送れますか?
Can you send it by air?

1414
◯ 船便だと時間かかりますか?
Would it take long if I send it by sea?
時間の長さを聞きたい場合はHow long does it take …? にする。

1415
◯ 船便の取り扱いはないんですよ。
I'm sorry but we don't ship by sea.

1416
◯ 液体物を送ることは禁止されています。
Liquid products are prohibited from being shipped.　ABC　<be prohibited from +動詞のing形>「〜することを禁止されている」

Chapter 4　旅行

27 アクシデント ［交通トラブル］

1417
○ 車の事故にあいました。
I had a car accident.

1418
○ 警察を呼んでください。
Please call the police.

1419
○ ぼくの友達が車にひかれました。
My friend got hit by a car.

1420
○ 彼はケガをしました。
He got injured.

ABC ひどくケガをした場合は、He got injured badly.

1421
○ ぼくたちは道を渡っていたんです。
We were just crossing the street.

1422
○ あの車が信号無視してきました。
That car ignored the red light.

1423
○ 車が壊れました。
My car broke down.

1424
○ ガス欠です。
I'm out of gas.

もう少しでガス欠になりそうなときは、I'm running out of gas. と言う。（→P121-813）

1425
タイヤがパンクしました。
I have a flat tire.

> flat tire はパンクしてぺちゃんこになったタイヤを表す。

1426
ロードサービスを呼んでもらえますか？
Could you call road service for me?

1427
駐車違反の切符切られちゃった。
I got a parking ticket.

1428
車、レッカーされちゃったよ。
My car got towed.

1429
車を止めなさい！
Pull over!

> pull over → P175-1223

1430
時速30キロオーバーですよ。
You were 30 kilometers per hour over.

1431
小石が当たってフロントガラスにひびが入りました。
The windshield got a crack from a small stone.

> crack「ひび、傷、割れ目」

1432
車の左前をこすりました。
I scratched the left front side of the car.

Chapter 4 旅行

28 アクシデント ［忘れ物・盗難］

1433
○ 手袋をレストランに忘れてきちゃった。
I left my gloves at the restaurant.

1434
○ お財布をなくしました。
I lost my wallet.

1435
○ クレジットカードをすぐに無効にしてください。
Please <u>cancel</u> my credit card immediately.

ABC クレジットカードを無効にするときはcancelを使う。

1436
○ どこでなくしたのか、わからないんだ。
I don't know where I lost it.

1437
○ レストランにいたときはあったんだけど。
I had it when we were in the restaurant.

1438
○ 最後に見たのはいつなの？
When was the last time you saw it?

1439
○ 電車に乗ったときが最後だな。
The last time I saw it was when I <u>got on the train</u>.

ABC get onは「（電車に）乗る」というピンポイントな動作。「利用する」はtakeを使う。

1440
○ 腕時計を部屋に忘れたままチェックアウトしてしまいました。
I left my watch in the room and already checked out of your hotel.

1441
気をつけて！ リュックが開いているよ。
Be careful! Your back pack is open.

1442
電車でかばんを盗まれました。
My bag was stolen on the train.

I had my bag stolen on the train.

1443
バスの中で盗まれたに違いないな。
It must have been stolen on the bus.

1444
地下鉄ですりにあわないように気をつけてね。
Be careful not to get pickpocketed on the subway.
careful not to ...「〜しないように気をつける」、get pickpocketed「すりにあう」

1445
泥棒!
Thief!

泥棒にあったときは、この一言を叫んで周囲に知らせる。

1446
ちょっと、わたしのかばん離しなさいよ!
Hey, get away from my bag!

1447
警察に盗難届を出さないと。
I have to report a theft to the police.

report a theft「盗難届を出す」

1448
日本領事館でパスポートを再発行してもらわなきゃ。
I need to reissue my passport at the Japanese consulate.

Chapter 4　旅行

29 アクシデント ［体調不良①］

1449

○ 医者にかかりたいです。

I need to see a doctor.

> I need to go see a doctor. としても OK。

1450

○ 救急車を呼んでください。

Please call an ambulance.

1451

○ 日本語を話せる医者はいますか?

Is there a doctor who speaks Japanese?

1452

○ 一番近い病院はどこですか?

Where is the nearest hospital?

1453

○ おなかが痛いです。

I have a stomachache.

> ABC -ache で「～の痛み」を表す。ほかには headache「頭痛」、toothache「歯痛」など。

1454

○ めまいがします。

I feel dizzy.

1455

○ 3日間ずっと下痢が続いています。

I have had persistent diarrhea for three days.

> ABC persistent「持続性の」

1456

○ 熱があります。

I have a fever.

1457
○ 食あたりかもしれません。

I think I have food poisoning.

1458
○ 片頭痛がひどいんです。

I have a terrible migraine.

> I'm suffering from terrible migraine.

1459
○ 頭が痛い!

My head hurts!

> ABC 体の部位を主語にして自動詞hurtを続けることで、「~が痛む」という意味。

1460
○ 喉が痛いです。

I have a sore throat.

1461
○ 歯がずきずきします。

I have a throbbing pain in my tooth.

> ABC throb「ずきずきする」の現在分詞。painをうしろに続けて、「ずきずきとした痛み」の意味。

1462
○ 胸に痛みがあります。

I have a pain in my chest.

1463
○ 鼻水が出ます。

My nose is running.

> I have a runny nose.

1464
○ おなかに鋭い痛みがあります。

I have a sharp pain in my stomach.

> ABC 鈍い痛みの場合は、dull painと言う。

Chapter 4　旅行

30 アクシデント ［体調不良②］

1465
○ 何も食べられません。
I can't eat anything.

1466
○ 吐き気がします。
I feel nauseous.
　I feel like throwing up.

1467
○ 食べるとすべて吐いてしまいます。
I throw up everything I eat.

1468
○ スーツケースにつまずきました。
I tripped over my suitcase.

1469
○ 足の小指が折れたんじゃないかと思います。
I think I broke my little toe.

1470
○ ここを触るとすごく痛いです。
It really hurts when I touch here.

1471
○ 階段から落ちました。
I fell down the stairs.
　ABC　複数形で「階段」そのもの。単数形にすると階段のうちの1段の意味になる。

1472
○ 首を動かせません。
I can't move my neck.

1473
痛すぎて動かせません。

It hurts too much to move.

1474
ひどい頭痛が昨日の夜からはじまりました。

A terrible pain in my head started last night.

1475
生理中です。

I'm on my period.

> I'm having my period.

1476
糖尿病の薬を飲んでいます。

I'm on medication for diabetes.

1477
どこかで薬をもらえませんか?

Is there anywhere I can get medication?

1478
何か鎮痛剤はありますか?

Do you have any painkillers?

1479
特定の薬にアレルギーがあります。

I have an allergy to a certain medication.

> I'm allergic to a certain medication.

1480
旅行を続けてもいいですか?

Can I continue my trip?

Chapter 4　旅行

31 帰国　[空港で名残惜しむ]

1481
○ この旅行がおわってほしくないよ。
I don't want this trip to end.

1482
○ すごく楽しかったよね。
We had a really great time, didn't we?

1483
○ 現実に戻っちゃうね。
Now we go back to reality.

1484
○ いや、まだ戻りたくないよ！
No, I can't <u>face</u> it yet!

ABC　face「(嫌なこと、困難に) 直面する」

1485
○ 長時間のフライトで疲れたよ。
I'm tired from the long flight.

1486
○ また会おうね。連絡も取り合おうね！
Let's meet up again. We should keep in touch too!

1487
○ 誰か迎えに来てるかな？
Is someone picking us up?

1488
○ おかえり！
Welcome home!

Chapter 5

レジャー・娯楽

趣味について会話するときのフレーズを学習しましょう。
映画や音楽、スポーツについて英語で話せるようになれば、
英会話の世界は格段に広がります。

Chapter 5 ミニ会話

場面 **おたがいの趣味**

Hey, what are you reading?
ねえ、何読んでるの?

It's a magazine on SLR film cameras. I like to take pictures.
一眼レフカメラの雑誌だよ。写真を撮るのが好きなんだ。
P234 1667

That's great! What type of photos do you take?
いいね! どんな写真を撮るの?
P234 1668

My specialty is landscape photography. What's your hobby?
得意なのは風景写真だよ。きみの趣味は何?
P234 1669

I like to see movies. I love the atmosphere in movie theaters.

わたしは映画を観るのが好きだよ。
映画館の雰囲気が好きなんだよね。

P236
1685

I see. Have you seen the new Steven Spielberg film yet?

P212
1490

そうなんだ。スピルバーグ監督の新作はもう見た?

I haven't seen that movie yet. Have you?

まだ見てないよ。あなたは?

P212
1492

No. How about going to see the movie this weekend?

P212
1489

まだだよ。今週末その映画見に行かない?

Great!

いいね!

P34
166

I'll get your ticket as well as mine.

P214
1507

きみの分のチケットもまとめてとっておくよ。

211

Chapter 5 レジャー・娯楽

1 鑑賞・観賞 [映画]

1489
○ 今週末映画見に行かない?

How about going to see a movie this weekend?

ABC How about ...?「〜についてどう思う?、〜はどう?」

1490
○ スピルバーグ監督の新作はもう見た?

Have you seen the new Steven Spielberg film yet?

1491
○ もう見に行ったよ! 最高だった!

I've already seen the movie! It was amazing!

1492
○ あの映画はまだ見てないや。

I haven't seen that movie yet.

1493
○ 先週封切られたばかりだよね?

The movie was released last week, right?

ABC 語尾に ..., right?をつけて「〜だよね?」の意味になる。

1494
○ あの映画、かなり評判いいよね。

I heard that film is pretty good.

ABC prettyには「かわいい」以外にも「けっこう、かなり」という意味がある。

1495
○ レオ様が出てるの? 見に行かなくちゃ!

Is Leonardo DiCaprio in the movie? I have to go see it!

1496
○ 公開が待ちきれないよ!

I can't wait to see the movie!

212

1497
不きゅうの名作といえば、『ローマの休日』ははずせないよね。

Speaking of the enduring **masterpiece**, we can't miss *Roman Holiday*.

ABC speaking of ...「～といえば」。masterpiece「名作」

1498
ラブコメは大好きだよ!

I love romantic comedies!

1499
ホラー映画は苦手なんだ。

I'm not a fan of horror movies.

ABC I'm not a fan of ...「～は好きじゃない」

1500
『スターウォーズ』11時半の回を2枚ください。

Two tickets for *Star Wars* at eleven thirty.

Can I have two tickets for the eleven thirty show of *Star Wars*?

1501
ポップコーン買ってくるから、先に座ってて。

I'm going to go get popcorn, so please go ahead and **grab a seat**.

ABC grab a seat「席につく、席に座る」

1502
上映時間長いから、トイレ行っておいたほうがいいよ。

You should go to the bathroom because this movie is quite long.

1503
この予告編、すごく気になるなあ。

I'm very interested in this **trailer**.

ABC trailer「予告編」。「特報」は teaser。

1504
ねえ、携帯の電源切らなきゃダメだよ。

Hey, you have to turn off your phone.

レジャー・娯楽

1 鑑賞・観賞［映画］

Chapter 5 レジャー・娯楽

2 鑑賞・観賞 [コンサート]

DISC 2
35

1505
来月ローリングストーンズが来日するよ。
The Rolling Stones are coming to Japan next month.

1506
大ファンだよ！ 絶対行かなきゃ！
I'm a big fan of them! I'll definitely be there!

ABC definitely「確実に、絶対に」。I'll definitely go! でもOK。

1507
きみの分のチケットもまとめてとっておくよ。
I'll get your ticket as well as mine.

1508
どこで待ち合わせようか?
Where should we meet?

1509
会場の最寄り駅で待ち合わせよう。
Let's meet up at the nearest station to the venue.

ABC venue「開催地、会場」

1510
チケットは持ってきた?
Did you bring our tickets?

1511
チケットは今のうちに渡しておくね。
I'll hand your ticket to you at once.

1512
アンコールがあるといいな!
I hope there is an encore!

Chapter 5 レジャー・娯楽

3 鑑賞・観賞 [美術館・博物館]

DISC 2 / 36

1513
○ 入館料はいくらですか？
How much is the entrance fee?
≒ What is the admission fee?

1514
○ かなり混雑してるね。
It's pretty crowded.

1515
○ ピカソの名作を見るチャンスだよ。
This is an opportunity to look at Picasso's masterpieces.

1516
○ 館内のカフェで一休みしよう。
Let's take a break at the museum cafe.

1517
○ 午後3時から学芸員の解説ツアーがあるよ。
There will be a curator-led tour from 3 p.m.
ABC curator「学芸員」。led は lead「導く」の過去分詞形。直訳すると「学芸員に導かれたツアー」。

1518
○ 常設展も充実してるね。
The permanent exhibit also has plenty of quality.
ABC permanent exhibit「常設展」。「特別展」は special exhibition と言う。

1519
○ とても感動したから図録を買うよ。
I'm so impressed that I'll buy the exhibition catalog.
ABC exhibition catalog「（美術展などの）図録」

1520
○ わたしは気に入った絵のポストカードを買っちゃった。
I bought postcards of paintings I really liked.

215

Chapter 5　レジャー・娯楽

4 鑑賞・観賞 ［感想を伝える］

1521
○ すごくよかったね!
It was really awesome!

1522
○ 今まで見たなかで最高の映画だったよ!
That is the best film I've ever seen!
ABC 〈最上級+名詞+I've ever ...〉で「今まで〜したなかで〈最上級〉な〈名詞〉だ」の意味。

1523
○ 期待してたのに、がっかりだったよ。
Contrary to my expectation, it was disappointing.　ABC contrary to ...「〜に反して」

1524
○ きみはどう思った?
How did you feel about that?

1525
○ おもしろかったけど、ちょっと長すぎかな。
I enjoyed it, but it was a bit long.

1526
○ 次回作が楽しみだな。
I'm looking forward to the next film.

1527
○ ライブ、すごく盛り上がったね!
It was such an exciting show!

1528
○ うん、すごく楽しかったよ!
Yeah, I was so excited!

1529
バラードを聞いて泣いちゃった。

The ballad moved me to tears.

〈move＋人＋to tears〉「〈人〉に感動の涙を流させる」

1530
新曲は意外な感じだった。

The new song gave me an unexpected feeling.

unexpected「思いがけない、予期しない」

1531
曲は好きだけど、ライブパフォーマンスは退屈だよ。

I like their songs, but their live performance is boring.

1532
とうとう好きな絵が見られてとても感動したよ。

I was so moved because I saw my favorite paintings at last.

1533
展示作品が多すぎて少し疲れちゃった。

I got a little bit tired because there are too many exhibits.

1534
理屈抜きでとても気に入ったよ。

I do love it but for no reason.

動詞の原形の前に助動詞 do [does, did] を置くことで、その動詞の意味が強調される。

1535
あの作品の作者は誰か知ってた？　ぼくは知らなかったよ。

Did you know who made that work? I didn't know that.

1536
美しい芸術に触れて癒やされたよ。

The beautiful art made me feel better.

Chapter 5 レジャー・娯楽

5 レジャー [遊園地]

DISC 2
38

1537
◯ 遊園地で何に乗りたい?
What do you want to ride at the amusement park?

1538
◯ チケットを大人2枚、こども1枚ください。
Two adults and one child, please.

1539
◯ メリーゴーランドに乗りたい。
I want to ride a <u>merry-go-round</u>.
[ABC] merry-go-round「メリーゴーランド」。carousel, roundaboutともいう。

1540
◯ ジェットコースターの列に並ぼう。
Let's stand in line for the <u>roller coaster</u>.
📢 roller coaster「ジェットコースター」。jet coasterではないことに注意。

1541
◯ 観覧車から景色を眺めない?
Shall we see the view from the <u>Ferris wheel</u>?
[ABC] Ferris wheel「観覧車」

1542
◯ 高いところは苦手なんだ。
I have <u>a fear of heights</u>.
[ABC] a fear of heights「高所恐怖症」

1543
◯ 絶叫マシンは嫌い。
I hate scary rides.

1544
◯ パレードがはじまるよ。
The parade is going to start.
〈 The parade is about to start.

Chapter 5　レジャー・娯楽

6 レジャー ［水族館・動物園］

1545
○ この水族館はジンベエザメがいるので有名なんだよ。
This aquarium is famous for having a whale shark.

1546
○ アシカのショーが2時半からあるよ。
The sea lion show will start at two thirty.

1547
○ イルカがジャンプした!
A dolphin has jumped!

1548
○ クラゲを見ていると心が安まるんだ。
Seeing jellyfish makes me feel relaxed.

1549
○ この動物園ではパンダが人気だよ。
Pandas are very popular in this zoo.

1550
○ ここではウサギと触れあえるよ。
We can touch rabbits here.

1551
○ あのキリンの首、なんて長いんだろう!
How long that giraffe's neck is!
　What a long neck that giraffe has!

1552
○ ゾウのエサやりを見にいこう。
Let's go to watch the elephant feeding.

Chapter 5 レジャー・娯楽
7 レジャー ［ボウリング］

1553
○ ボウリングにはよく行くよ。
I often go bowling.

1554
○ 平均スコアは150点だよ。
My average score is 150.

1555
○ 一度だけ200点を出したことがあるんだ。
I bowled 200 only once.

1556
○ 最高スコアを更新した！
I just broke my record!

ABC　break one's record「記録を破る」

1557
○ もっとストライクをとれたらなあ。
I wish I could get more strikes.

1558
○ うわ、ガターだ！
Oh, a gutter ball!

1559
○ ピンが半分しか倒れなかったよ。
I knocked down only half of the pins.

ABC　knock down「当てて倒す、ノックダウンさせる」

1560
○ スペアを狙うぞ。
I'll get a spare.

Chapter 5 レジャー・娯楽

8 レジャー [カラオケ]

1561
◯ カラオケに行かない?
Shall we go to *karaoke*?

1562
◯ 実は音痴なんだ。
Actually, I sing off-key.
ABC 「音程どおりに歌う」はsing in tune。

1563
◯ きみの得意な歌は何?
What song is your forte?
ABC forte「強み」

1564
◯ そんな音程が高いのは歌えない。
I cannot sing such high notes.
ABC high note「高音」。「低音」と言いたい場合はlow notes。

1565
◯ 次はぼくの番だね。
It's my turn next.

1566
◯ ぼくがタンバリンを叩くよ。
I'll beat the tambourine.

1567
◯ みんなで歌おう!
Let's sing along!

1568
◯ みんな、手たたいて!
Everybody clap your hands!

Chapter 5 レジャー・娯楽

9 アウトドア ［海（遊泳・つり）］

1569
◯ ビーチは思ってたよりたくさん人がいるな。
There are more people on the beach than I thought.

1570
◯ 日焼け止めを塗ろう。
I'll put on sunscreen.
ABC sunscreen「日焼け止め」

1571
◯ 海が透きとおってる!
The ocean is crystal clear!

1572
◯ 泳ぐのはとても得意だよ。
I'm very good at swimming.
ABC be good at ...「～が得意な、上手な」

1573
◯ ビーチバレーしよう!
Let's play beach volleyball!

1574
◯ あの海の家で焼きそば買おうよ。
Let's go to that beach hut and buy chow mein.
ABC chow mein「焼きそば」

1575
◯ ここは遊泳禁止だよ。
Swimming is not allowed here.

1576
◯ 日焼けしちゃった。
I got suntanned.
ABC get suntanned「日焼けする」

1577
このあたりではどんな魚がつれるの?
What kinds of fish can you catch around here?

1578
エサのつけかたを教えてくれる?
Can you show me how to put bait on a hook?

ABC　bait「エサ」

1579
全然つれないなあ。
The fish don't bite at all.

1580
魚がかかった!
A fish has taken the hook!

1581
魚が逃げちゃった。
The fish got away.

1582
つり糸が絡まっちゃった。
My fishing line got tangled.

ABC　tangled「もつれた」

1583
ここ、魚がたくさんいるよ!
There are a lot of fish here!

1584
やっとつれた!
I've finally caught a fish!

Chapter 5 レジャー・娯楽
10 アウトドア [ピクニック・登山]

1585
- 今日はピクニック日和だね。
  This is an ideal day for a picnic.
  ABC ideal「理想的な」。a perfect day for a picnic「ピクニックするのに最高な日」も使える。

1586
- 足元に気をつけて。
  Watch your step.

1587
- この坂、きついよね?
  This slope is steep, isn't it?
  ABC steep「(坂などが) 急な、険しい」

1588
- ちょっと休憩しない?
  Why don't we take a rest?

1589
- 頂上までもう少しだよ。
  We are nearly at the top.

1590
- 何ていい眺め!
  What a nice view!

1591
- ここでお昼ごはんを食べよう。
  Let's have lunch here.

1592
- お昼ごはん、みんなのぶん作ってきたよ。
  I made lunch for you all.

224

Chapter 5　レジャー・娯楽

11 アウトドア［キャンプ］

1593
○ キャンプ場はどこ?
Where is the campground?
ABC campground「キャンプ場」

1594
○ ここにテントを張らない?
How about pitching the tent here?

1595
○ 虫よけスプレーを使おうっと。
I'll use bug spray.
ABC bug spray「虫よけスプレー」

1596
○ 火をおこそう。
Let's build a fire.

1597
○ 夜は森のなかには入らないで。
Don't go into the woods at night.

1598
○ 星がきれい!
How beautiful these stars are!

1599
○ 懐中電灯を持ってくるべきだったね。
We should have brought a flashlight.

1600
○ キャンプファイア、すごく楽しかったな。
I really enjoyed the camp fire.

Chapter 5 レジャー・娯楽

12 スポーツ ［スポーツ観戦］

1601
○ グッズ買いに行かない?
Do you want to go buy some goods?

1602
○ どっちのチームを応援してるの?
Which team do you cheer for?

1603
○ ジャイアンツのファンだよ。
I'm a Giants fan.

1604
○ 今日は誰が先発投手か知ってる?
Do you know who the starting pitcher is today?

1605
○ 次のイニング、最初のバッターは誰?
Who is the first batter in the next inning?

1606
○ フリーキックで点をとるチャンスだ。
We've got a chance to score on a free kick.

1607
○ カーブのかかった見事なフリーキックだ!
What a wonderful curled free kick!

1608
○ 今のオフサイドだったよね?
He must've been offside, right?

1609
○ やった！ PKになったぞ！
Yes! A penalty kick is awarded!

1610
○ ナイスセーブ！
That's an amazing save!

1611
○ 彼はどんな選手なの？
What kind of player is he?

1612
○ 彼は強烈なサーブを打つんだよ。
He is a big server.

1613
○ 決まった！ スリーポイントだ！
Great! That's a three-point shot!

1614
○ すごいラストスパートだ！
That's an amazing final sprint!

ABC sprintは「短距離走」の意味もあるが、スパート時の全力疾走も表すことができる。

1615
○ チームが試合に負けて悔しいよ。
I'm frustrated because the team lost the game.

1616
○ 大接戦だったね。
That was a very close game.

ABC このcloseは形容詞で「近い、僅差の」。（→P160-1103）

Chapter 5 レジャー・娯楽

13 スポーツ ［サッカー・フットサル］

DISC 2
46

1617
○ 今日こそゴールを決めるぞ!
Today I will score a goal!

1618
○ こっちにパス!
Pass me the ball!

1619
○ ドリブルで行け!
Keep dribbling!

1620
○ ナイスシュート!
Wonderful shot!

shoot「シュートする」の名詞形はshotであることに注意。

1621
○ 同点にするぞ。
Let's even the score.

1622
○ あれは絶対ハンドだったよ。
That was definitely a handball.

1623
○ アディショナルタイムは3分ある。
There's three minutes of stoppage time left.

ABC added [additional] timeとも言う。ちなみにextra timeは延長戦のこと。

1624
○ きみの決勝ゴールはすばらしかったね。
Your game-winning goal was impressive.

Chapter 5 レジャー・娯楽

14 スポーツ [野球]

DISC 2
47

1625
〇 ナイスキャッチ！
Good catch!

1626
〇 速すぎて打てないよ。
That's too fast to hit.

1627
〇 また三振しちゃったよ。
I got struck out again.
> get struck out「三振する」

1628
〇 大丈夫。次はきっとうまくいくよ。
That's okay. You'll do fine next time.

1629
〇 盗塁うまいね。
You're good at stealing bases.
> steal「〜を盗む」。steal a base で「盗塁する」。

1630
〇 強肩だね。
You have a strong arm.
> strong arm「強肩」。英語では腕で表現されるので、shoulder と言わないように注意。

1631
〇 逆転だ！
We came from behind!

1632
〇 デッドボールをくらった。
I was struck by a pitch.

Chapter 5 レジャー・娯楽

15 スポーツ ［スキー・スノーボード］

1633
○ まずは、ボードとブーツを借りよう。
First of all, let's rent snowboards and boots.
> first of all「まずは」

1634
○ ゴーグルしたほうがいいよ。
You should wear your goggles.

1635
○ うしろ側の足は固定しないでね。
Leave your back foot free.
> leave 〈A〉〈B〉「〈A〉を〈B〉の状態にしておく」

1636
○ リフトに乗って山頂まで行こう。
Ride a ski lift up to the top.

1637
○ 乗車位置まで進んで。
Move into the loading zone.

1638
○ リフトから降りて、平地まで滑り降りて。
Slide off the chair on your board and ride down to the flat area.

1639
○ 初級コースから行こう。
Let's start with a beginner slope.

1640
○ ターンの練習って難しそうだな。
Practicing turning sounds difficult to me.

Chapter 5 レジャー・娯楽

16 スポーツ [ジョギング・マラソン]

DISC 2 ▼ 49

1641
○ きみはジョギングするの?
Are you a jogger?
< Do you jog?

1642
○ 週末はいつも走りに行くよ。
I go for a jog every weekend.
< go jogging

1643
○ 1キロ5分ペースで走ってるよ。
I usually run a kilometer in five minutes.
ABC ペースは時速で表すことも多い。例えば1キロを5分で走る場合、12 kilometers per hourとなる。

1644
○ 上半身の力を抜いて。
Keep your upper body relaxed.

1645
○ マラソン出たことある?
Have you ever run a marathon?

1646
○ 3時間未満でマラソンを走りたいな。
I want to run a marathon in under three hours.

1647
○ どこまで走りたい?
How far do you want to run?

1648
○ ペースを上げよう。
Let's pick up the pace.
ABC pick up the pace「速度を上げる」

231

Chapter 5 レジャー・娯楽
17 スポーツ [ジムに通う]

1649
○ わたしは仕事のあと、ジムに行くんだ。
I go to the gym after work.

1650
○ 体型維持のためにジムで運動してるんだ。
I work out at the gym to keep fit.
ABC work out「運動する」

1651
○ ジムに入会したいのですが。
I would like to sign up for the gym.

1652
○ 腹筋割りたいな。
I want to get six-pack abs.

1653
○ 腕がすごくたるんでるんだ。
My arms are so flabby.
ABC flabby「(筋肉などが) たるんだ」

1654
○ 今日は有酸素運動の日だ。
Today is my cardio day.
ABC cardio は「心臓を強化する運動」、つまり「有酸素運動」を意味する。

1655
○ おすすめのトレーニングマシンはありますか?
Is there any exercise machine you recommend?

1656
○ ランニングマシンはどれも使用中だ。
The running machines are all being used.
ABC 「使用中(使われている)」のように現在進行形を受動態にする場合は、〈being +過去分詞〉。

1657
◯ このトレーニングマシン、どうやって使うの?

How do I use this exercise machine?

I don't know how to use this exercise machine.

1658
◯ 試しにやってみなよ!

Give it a try!

1659
◯ このバーベル、思ったより重い。

This barbell is heavier than I thought.

1660
◯ このトレーニング、よく効いてる感じがするよ。

I feel this exercise is working well.

1661
◯ 汗びっしょりだ。

I'm all sweaty.

1662
◯ 明日は筋肉痛になっているだろうなあ。

I'll have muscle pain tomorrow.

ABC muscle pain「筋肉痛」

1663
◯ トレーニングのあとは必ずプロテインをとるようにしているよ。

I always have a protein shake after I work out.

1664
◯ この1カ月で3キロやせたよ。

I've lost three kilograms in the past month.

17 スポーツ[ジムに通う]

Chapter 5　レジャー・娯楽

18 趣味 [写真・音楽・読書など]

1665
○ 趣味は何ですか?

What do you like to do in your free time?

ABC　直訳は「暇なときは何をするのが好きですか?」。ネイティブはWhat's your hobby?よりもよく使う。

1666
○ わたしはインドア派です。

I'm an indoor person.

< I like an indoor style of living.

1667
○ ぼくは写真を撮るのが好きです。

I like to take pictures.

1668
○ どんな写真を撮るの?

What type of photos do you take?

1669
○ 主に風景写真を撮るよ。

My specialty is landscape photography.

ABC　specialty「専門、得意」。「名物、得意料理」などの意味もある。

1670
○ ふだんはフィルムの一眼レフカメラを使ってるんだ。

I use an SLR film camera regularly.

1671
○ 昨年、写真展を開いたよ。

I had a photo exhibition last year.

1672
○ バンドをやってるの?

Do you play in a band?

1673
バンドを結成したばかりだよ。

I've just formed my own band.

form「(バンドを)結成する」。「解散する」はbreak up、「再結成する」はreuniteとなる。

1674
何の楽器を担当してるの?

What instrument do you play?

1675
ギターとボーカル担当だよ。

I'm on guitar and vocals.

「〜の楽器を担当している」と言う場合はonを使う。

1676
どんな音楽が好き?

What kind of music do you like?

What type of music are you listening to?

1677
いろんな音楽が好きだけど、ヒップホップが特に好きかな。

I like many kinds of music, but especially Hip Hop.

1678
本の虫ってよく言われるよ。

People often call me a bookworm.

bookwormは本につく昆虫のこと。転じて「読書家、本の虫」。

1679
最近何かいい本読んだ?

Have you read any good books lately?

1680
村上春樹の新しい小説はおすすめだよ。

I would recommend the latest novel by Haruki Murakami.

lateには「最近の、近ごろの」の意味もあり、その最上級latestは「最新の」。

1681
○ 小説よりも伝記が好き。
I prefer biographies to novels.

1682
○ 古本屋巡りを1日中してたんだ。
I spent the day antiquarian bookshop hopping.

ABC hop「(次から次へと)動き回る」

1683
○ これまでで一番好きな映画は何ですか?
What's your favorite movie of all time?

ABC of all time「史上～の」

1684
○ 『七人の侍』が一番好きです。
I like *Seven Samurai* the best.

1685
○ 映画館の雰囲気が大好きなんだ。
I love the atmosphere in movie theaters.

1686
○ 散歩とコーヒーショップ巡りが趣味なんです。
My hobby is taking a walk and checking out coffee shops.

1687
○ コーヒーにはこだわりがあるよ。
I'm picky about coffee.

ABC be picky about ...「～について選り好みする、こだわる」

1688
○ アンティークの家具を集めてます。
I'm collecting antique furniture.

Chapter 5 レジャー・娯楽

19 趣味 [ゲーム・アニメ]

DISC 2 ▼ 52

1689
◯ 新発売のゲーム、おもしろいらしいね。
I heard that the brand new game is fun.

1690
◯ あのゲームにはまっちゃって寝不足だよ。
I'm sleepless because I'm into that game.
- be into ...「～にはまる」

1691
◯ オンラインゲームなら、世界中の相手と対戦できるよ。
In online games, you can play with anyone from around the world.

1692
◯ このゲームはぼくには難しすぎるよ。
This game is too hard for me.

1693
◯ アニメのキャラに恋しちゃったかも。
I think I'm falling in love with an *anime* character.

1694
◯ きみってオタクだね!
You're such a nerd!
- nerdは文化系の「オタク」。IT系オタクはgeek。freakやjunkieだと「～の熱狂者」。

1695
◯ 同人誌を作ったよ。
I have made a fanzine.
- fanzine「ファン向けの雑誌」

1696
◯ きみのコスプレは再現度が高すぎだね!
Your cosplay is super-alike!
- cosplay「コスプレ」。元々は和製英語だったが、逆輸入で英単語としても定着した。

Chapter 5 レジャー・娯楽

20 趣味 [ペットと遊ぶ]

DISC 2 / 53

1697
○ ペット飼ってる?
Do you have any pets?

1698
○ 金魚を飼ってるよ。
I have a goldfish.

1699
○ おたくの犬は男の子、それとも女の子?
Is your dog a boy or a girl?

1700
○ よしよし。
Good boy.
[ABC] メスの場合は girl。赤ちゃんをあやすときにも使える。また、ペットを叱るときは Bad boy [girl]。

1701
○ きみの犬は人間で言うと何歳くらい?
How old would your dog be <u>in human years</u>?
[ABC] in human years「人間の年齢では」

1702
○ うちの猫は昨年、去勢したよ。
We got our cat <u>fixed</u> last year.
[ABC] fixed「去勢手術を受けた」。Our cat has been neutered last year. とも言い換えられる。

1703
○ 留守中、うちの猫の世話をお願いしたいんだけど。
I'd like you to <u>look after</u> my cat while I'm away.
[ABC] look after ...「〜の世話をする」

1704
○ うちのインコのおしゃべり動画を見てみてよ!
Check out my video of my <u>budgie</u> talking!
[ABC] 「セキセイインコ」は budgerigar だが、口語では省略して budgie と言う。

Chapter 5 レジャー・娯楽

21 ネットショッピング

1705
◯ ネットで買ったほうがお得だよ。

It's more reasonable if you buy online.

1706
◯ Amazonをのぞくとつい何か買っちゃう。

When I visit Amazon.com, I tend to buy something.

1707
◯ カスタマーレビューはかなり参考になるよ。

Customer reviews are quite helpful.

1708
◯ eBayで中古レコードを落札したよ。

I won a bid for an old vinyl record on eBay.

ABC　win a bid「落札する」

1709
◯ 洋服は買う前に試着したいな。

I like to try on clothes before buying them.

1710
◯ 英語の本を海外から取り寄せたよ。

I ordered an English book from abroad.

1711
◯ ネットではPayPalで支払ってるよ。

I make payment by PayPal on the Internet.

ABC　PayPalはオンライン決済サービス。日本以上に世界では広く普及、一般化している。

1712
◯ 商品が届くのが楽しみだなあ。

I'm looking forward to the arrival of my order.

Chapter 5 レジャー・娯楽
22 返品・クレーム

1713
○ 違うサイズを買ってしまいました。
I got the wrong size.

1714
○ 別のものと交換していただけますか?
Could you exchange it for another one?
　Could you exchange this for another one?

1715
○ 返品するので返金してください。
I would like to return it for a refund.
　ABC refund「返金、払い戻し」

1716
○ 商品が1カ月届きません。
I haven't received the item for a month.

1717
○ 送ってきた商品が説明と違います。
The item you sent is not the same as described.

1718
○ 注文した商品が壊れていました。
The item I ordered was damaged.

1719
○ 担当の方と話をさせてもらえますか?
Can I speak to the person in charge?
　ABC person in charge「担当者」

1720
○ もう二度とあの店では買わない。
I'll never buy from that store again.

Chapter 6

テーマ別の会話

人生についての話題から美容、IT、社会問題まで、
多様なテーマでフレーズを集めました。
「日本の紹介」や「おもてなし」を英語でできたら完ぺきです。

Chapter 6 ミニ会話

場面 日本食を紹介する

DISC 3 ▶ 1

This is my first time to try *sushi*.
おすしを食べるのはじめてだよ。

Really? Japanese people have loved *sushi* since the *Edo* period.
そうなの？ おすしは江戸時代から日本人に愛されてるんだよ。

P264
1886

I didn't know that. This place must be expensive, isn't it?
知らなかったよ。
この場所って値段が高いんじゃないの？

No. *Sushi*-go-round restaurants are inexpensive.
ううん、回転ずし屋さんは安いんだよ。

P264
1887

Sounds good! How should I eat?

いいね! どうやって食べるの?

You can take your favorite *sushi* plates.

好きなおすしの皿をとっていいのよ。

That's amazing! Hey, what's this?

すごいね! あれ、これは何?

This is *wasabi*. It is very spicy.

わさびだよ。わさびはとっても辛いんだ。

I see. I heard that you say "*itadakimasu*" before eating.

そうなんだ。日本人は食事の前に「いただきます」と言うって聞いたよ。

Exactly. Let's say, "*itadakimasu*!"

そのとおり。じゃあ、「いただきます!」

Chapter 6 テーマ別の会話

1 人生 ［結婚・離婚］

1721
◯ 結婚してくれますか?
Will you marry me?

1722
◯ ぼくたち、結婚するんです。
We're getting married.

1723
◯ 幸せになろう!
Let's be happy together!

1724
◯ 婚活パーティーに行ってきたの。
I attended a matchmaking party.

ABC matchmaking「結婚仲介」。仲人はmatchmakerと言う。

1725
◯ できちゃった婚なんです。
It's a shotgun wedding.

ABC 妊娠した女性の父親が、男性に銃を突きつけて結婚を迫る様子からこの名がつけられた。

1726
◯ 彼女は独身、それとも既婚?
Is she single or married?

1727
◯ 披露宴は少人数を考えているんだ。
We're planning to have a small wedding reception.

ABC wedding reception「結婚披露宴」

1728
◯ 神前式は神社で行われます。
A *Shinto* style ceremony is held at a shrine.

1729
◯ 式の日どりはいつ？
When is the date for your wedding?

1730
◯ 最近の引き出ものはカタログが多い。
The thank-you gifts are often catalogs these days. thank-you gift「感謝の贈りもの」。thank-you letter「感謝の手紙」

1731
◯ 新婚旅行はイタリアがいいな。
I want to go to Italy for our honeymoon.

1732
◯ 新居がやっと決まったよ。
We finally decided on a place to live.
decide on ...「～を決定する、決心する」

1733
◯ 旦那とは別居中なの。
My husband and I are separated.

1734
◯ あの人、浮気してるのよ。
He's cheating on me.
cheat on ...「～を裏切って浮気する」

1735
◯ 離婚しましょう。
Let's get a divorce.

1736
◯ 昨日、離婚届を出しました。
I filed for divorce yesterday.
file for ...「～の申請をする」。file for bankruptcy「破産申請をする」

Chapter 6　テーマ別の会話

2 人生 ［出産・育児］

1737
○ わたし今、妊娠5カ月なの。
I'm five months pregnant.
ABC 「赤ちゃんができたの」と言うときはI'm pregnant [expecting].

1738
○ つわりがひどくて。
I have bad morning sickness.
ABC morning sickness「つわり」

1739
○ 予定日は9月20日です。
I'm expecting my baby on September 20th.

1740
○ 安定期に入りました。
I'm in my stable period.

1741
○ 来週から育休をとります。
I'm taking childcare leave from next week.
ABC childcare leave ➜ P128-868

1742
○ ぼくの妻は産休中です。
My wife is on maternity leave.
ABC maternity leave ➜ P128-867

1743
○ 赤ちゃんがけってる!
My baby is kicking!

1744
○ 予定日はすぎたんだけど。
I'm past my due date.
ABC due dateは「期日」という意味で広く使える。

1745
◯ 陣痛がはじまりました。

My labor has started.

I'm in labor.

1746
◯ 破水しました。

My water broke.

ABC　waterには「分泌液、体液」の意味もある（涙、汗、唾液、羊水など）。

1747
◯ 安産でしたよ。

She had an easy delivery.

1748
◯ 男の子ですよ。

It's a boy.

女の子であれば、It's a girl.

1749
◯ 3,200グラムの男の子です。

He weighs 3,200 grams.

His weight is 3,200 grams.

1750
◯ お母さん似だね。

He looks just like his mom.

1751
◯ 母乳で育ててるのよ。

I'm breast-feeding my baby.

ABC　breast-feed「母乳で育てる」。「ミルクで育てる」はbottle-feed。

1752
◯ 子育てはたいへんね。

Raising a child is tough.

1753
赤ちゃんの夜泣きがひどいの。
Our baby cries a lot at night.

1754
おむつ替えようね。
Let's change your diaper.

ABC　diaper「おむつ」。nappyとも言う。

1755
お着替えできる?
Can you get dressed?

1756
寝かしつけてくれる?
Can you put him to bed?

1757
ハイハイをはじめました。
She started crawling.

1758
妻はそろそろ職場復帰する予定です。
My wife will return to work soon.

1759
息子が保育園に入れるといいんだけどね。
I hope my son can get into preschool.

ABC　preschool「保育園」。nurseryとも言う。「幼稚園」はkindergarten。

1760
5時に保育園のお迎えに行きます。
I will pick her up from preschool at 5 o'clock.

Chapter 6 テーマ別の会話

3 人生 [老後・老い・死]

1761
○ わたしたちは老後に備えなければならない。
We must provide for our old age.
ABC provide for ...「〜に備える」

1762
○ 老後は田舎で暮らしたい。
I want to live in the country when I become old. ABC countryの前にtheをつけると、「田舎」という意味になる。countrysideとも言う。

1763
○ 母は介護が必要です。
My mom needs nursing care.
ABC nursing care「介護」

1764
○ 両親を老人ホームに入れた。
I put my parents in a nursing home.

1765
○ 祖父は認知症です。
My grandfather has dementia.

1766
○ お悔やみ申し上げます。
I'm sorry for your loss.

1767
○ 惜しい人を亡くしました。
We have lost a great person.

1768
○ 大往生でした。
He passed away peacefully.
ABC pass away「亡くなる」

Chapter 6 テーマ別の会話
4 美容・健康 [肌トラブル・コスメ]

1769
○ 乾燥肌なの。
I have dry skin.
ABC dry skin「乾燥肌」。「脂性肌」はoily skinと言う。

1770
○ シミが気になるのよね。
I'm not happy with my spots.
ABC spot「シミ」。「シワ」はwrinkle。どちらも人物、物質ともに使用できる表現。

1771
○ 顔がむくんでる。
My face is swollen.

1772
○ このクリームは肌に合うの。
This cream agrees with my skin.

1773
○ 日焼け止めはかかせない。
I can't do without sunscreen.

1774
○ 肌がしっとりするの。
It makes my skin moist.

1775
○ これ、敏感肌にいいのよ。
This is good for sensitive skin.

1776
○ ウォータープルーフのマスカラを探しているの。
I am looking for a water-resistant mascara.
ABC water-resistant「耐水性の」

Chapter 6 テーマ別の会話

5 美容・健康 [ダイエット]

DISC 3-6

1777
○ ここ数カ月で3キロ太ったの。
I have gained 3 kilograms in the past few months.
ABC やせた場合の表現はP233-1664を参照。

1778
○ 今、ダイエット中なんだ。
I'm on a diet.
I'm dieting.

1779
○ やせなくちゃ。
I have to lose weight.

1780
○ 食べる量を減らしてるの。
I'm cutting down on my portions.
ABC portion「料理の一人前の量」

1781
○ 毎晩、体重計に乗ってるんだ。
Every night I weigh myself.

1782
○ 糖分を取りすぎないようにしてるの。
I try to reduce my sugar intake.
ABC intake「摂取量」

1783
○ いつも歩数計を持ち歩いてるよ。
I always wear a pedometer.
ABC ped- は「足」を意味する接頭語。pedicure「ペディキュア」、pedestrian「歩行者」など。

1784
○ 小さいサイズの服が着られるようになった。
Now I fit into smaller size clothes.

251

Chapter 6 テーマ別の会話

6 美容・健康 [美容院]

1785
○ 髪の毛切りたいな。
I need a haircut.
> I want to have a haircut.

1786
○ 髪の毛を染めたい。
I want to dye my hair.

1787
○ 毛先だけそろえたい。
I only want the ends of my hair cut.
> ABC <want+目的語+過去分詞>「～を...してもらいたい」。I just want to trim my hair. も同義。

1788
○ 前髪を作りたいんだけど。
I want to get bangs.
> ABC bangs「前髪」

1789
○ 新しい髪型、素敵だよ。
I love your new hairdo.

1790
○ シャンプーとカット、ブローをお願いします。
A wash, cut and blow-dry, please.

1791
○ ウェーブパーマをかけたいです。
I'd like to get a wavy perm.
> ABC 「ストレートパーマ」は a straight perm と言う。

1792
○ うしろを5センチくらい短くしてください。
Please cut about 5 centimeters off the back.

Chapter 6 テーマ別の会話
7 美容・健康 [マッサージ・エステ]

DISC 3 ▸ 8

1793
○ マッサージ行かないと無理！
I desperately need a massage!

1794
○ 肩こりがひどいんです。
I have a stiff neck.

「こわばった」、「肩こり」を言いたい場合、stiff shouldersよりもstiff neckのほうが一般的。

1795
○ もっと強くしてくれませんか？
Would you press more strongly?

ABC 「弱く」と言うときはsoftlyにする。

1796
○ ちょっと痛いです。
It hurts a bit.

1797
○ エステの予約したの。
I made an appointment at a beauty salon.

1798
○ 持病はありますか？
Do you have any chronic diseases?

ABC chronic「慢性的な」

1799
○ 顔のトリートメントをお願いします。
I'd like to get a facial.

1800
○ 気分がよくなりました。
I'm feeling better.

Chapter 6　テーマ別の会話

8　IT ［パソコン・スマートフォン］

1801
○ どうやってパソコンの電源を入れるの?
How can I turn on the computer?

1802
○ インターネットにつながらない。
I can't access the Internet.

1803
○ ログインできない。
I can't log in.

1804
○ フリーズした!
My computer froze!

[ABC] froze は freeze の過去形。「凍る」という意味から、パソコンが動かなくなることを表す。

1805
○ エクセルの使い方を教えてくれる?
Can you show me how to use Excel?

1806
○ この文書、どうやって印刷するの?
How can I print this document?

1807
○ 添付ファイルが開けないよ。
I can't open the attached file.

[ABC] attached file「添付ファイル」

1808
○ あとで検索してみます。
I'll do a search on the Internet later.

　　I'll google it later.

1809
○ それ、最新モデル?
Is that the latest model?

1810
○ 電波が悪くて、聞こえないよ。
The reception is really bad, so I can't hear you.
reception「(テレビや携帯電話などの) 受信状態」

1811
○ 電池が切れそう。
My battery is running low.

1812
○ 携帯、死んだよ。
My phone is dead.
dead「(電気機器などが) 機能しない」

1813
○ マナーモードにしなくちゃ。
I have to set my phone to silent mode.
マナーモードは英語でsilent [vibrate] modeと言う。manner modeは和製英語。

1814
○ 歩きスマホ、やめたら?
Why don't you stop texting while walking?
直訳は「歩きながらメールを打つ」だが、スマートフォンが普及した現在、「歩きスマホ」の意味になる。

1815
○ このアプリ、すごく便利だよ。
This app is very useful.
appはapplication「アプリケーション」の短縮形。複数形はappsになる。

1816
○ また電話するね。
I'll call you later.

Chapter 6 テーマ別の会話

9 IT [メール・SNS]

1817
○ 家についたらメールするね。
I'll <u>text</u> you when I get home.
ABC text「〜にメールする」

1818
○ 返信が遅れてごめん。
Sorry for my late reply.

1819
○ 迷惑メールがたくさん来るんだ。
I am receiving a lot of <u>spam</u>.
ABC spam「迷惑メール」

1820
○ 何かあったらメールして。
Text me if there is anything.

1821
○ メッセージ見た?
Did you get my message?

1822
○ 読んだら、一報入れてね。
Drop me a line, when you see this message.

1823
○ フェイスブックのアカウント持ってる?
Do you have a Facebook account?
ABC Are you on Facebook? は「フェイスブックやってる?」。

1824
○ フェイスブックで見つけてね!
Find me on Facebook!

1825
○ 友達申請、送ったよ。

I just sent you a friend request.

ABC friend request「(SNSでの)友達申請」

1826
○ 毎日3回以上、フェイスブックに投稿してるよ。

I post on my Facebook page three or more times every day.

1827
○「いいね!」ありがとう。

Thanks for your "like."

ABC フェイスブックのlike「いいね!」はそのまま名詞としても、動詞「『いいね!』する」としても使える。

1828
○ 過去最高の「いいね!」もらえた。

I have got the most "likes" ever.

1829
○「いいね!」しておいたよ。

I "liked" your post.

1830
○ ツイッターやってる?

Do you tweet?

ABC tweet「(ツイッターで)ツイートする、つぶやく」

1831
○ 最近その画像がツイッターで話題になってるよね。

That image is becoming a topic of conversation on Twitter these days. ABC become a topic of conversation「話題になる」

1832
○ ラインで連絡するね。

I'll contact you by LINE.

Chapter 6　テーマ別の会話

10 日本の紹介 [伝統芸能①]

1833
〇 歌舞伎は舞台劇の一種です。
Kabuki is a form of stage drama.
ABC　a form of ...「〜の一種、〜の一形態」

1834
〇 歌舞伎は男性によってのみ演じられてきました。
Kabuki has only been performed by males.
ABC　過去から現在にいたるまで当てはまることなので現在完了形。

1835
〇 音楽、踊り、演劇で構成されています。
It consists of music, dance and acting.

1836
〇 能は日本最古の舞台芸術です。
Noh is the oldest performing art in Japan.

1837
〇 多くの将軍たちが能を後援しました。
Many *shoguns* supported *Noh*.

1838
〇 狂言は伝統的な喜劇です。
***Kyogen* is a classical comedy.**

1839
〇 能の幕間に演じられます。
It is performed between *Noh* acts.

1840
〇 茶道では、主人が客人を招き、茶を振る舞います。
In *Sado*, the host of the ceremony invites guests to serve tea.
ABC　host「もてなす人、主催者」

1841
何か祝い事をするときには茶会を開きます。

People hold tea ceremonies to celebrate something.

hold「～を開催する」

1842
茶会では抹茶という緑茶が使われます。

Green tea called *maccha* is used in tea ceremonies.

1843
茶道の精神は禅の思想に基づいています。

The spirit of *Sado* is based on *Zen* philosophy.

philosophy「思想、哲学」

1844
生け花は伝統的な日本のフラワーアレンジメントです。

Ikebana is the traditional Japanese practice of flower arrangement.

1845
花は自然の中で咲いているかのように生けられます。

Flowers are arranged as if they are living in nature.

as if ...「まるで～であるかのように」

1846
昔は生け花を習うことは大事な花嫁修業でした。

Practicing *Ikebana* used to be important for women to be a good wife.

1847
盆栽は日本のミニチュア文化の原点と言われます。

Bonsai is regarded as the origin of miniature culture in Japan.

miniatureのスペルと発音「ミニアチュア」に注意。

1848
木の形が変化するので、「おわりのない芸術」と呼ばれます。

It is called "unfinished art" as a tree changes shape.

Chapter 6 テーマ別の会話

11 日本の紹介 ［伝統芸能②］

1849
○ 俳句は17音から成る世界一短い詩の形式です。
Haiku is the shortest poetic form in the world as it has seventeen syllables.
　syllable「音節」

1850
○ 短歌の言葉は人間の深い感情を表現します。
The words in *tanka* express one's deep feelings.
　express「〜を表現する、言い表す」

1851
○ 浮世絵は多くのヨーロッパの画家を魅了してきました。
Ukiyoe has attracted many European painters.

1852
○ 絵師、彫師、摺師が浮世絵制作に関わります。
Painters, engravers and printers work on *ukiyoe*.

1853
○ 祭りのほとんどは神道の神様を歓迎するためのものです。
Most *matsuris* are held to welcome *Shinto* gods.

1854
○ 人々は神様の乗りものであるみこしを担ぎます。
People carry a *mikoshi*, which is a vehicle of the gods.

1855
○ 和紙はその美しさと品質で知られています。
Washi is known for its beauty and quality.
　be known for ...「〜で知られている、有名である」

1856
○ 和紙は丈夫なので、紙幣を作るのに使われています。
Washi is so tough that it is used to make banknotes.

1857
○ 落語のはなし家は扇子と手ぬぐいだけを使います。
Rakugo storytellers use only a folding fan and a hand towel.
ABC storyteller「語り手」

1858
○ それらのみでたくさんのことを表現します。
They express many things using only them.

1859
○ 江戸時代、刀は武士の魂でした。
Swords were the soul of the _samurai_ in the _Edo_ period.

1860
○ 相撲は日本の国技です。
Sumo is the national sport of Japan.

1861
○ 外国人力士もたくさんいます。
There are many foreign _sumo_ wrestlers.
ABC _sumo_ wrestler「力士」

1862
○ 多くの人が心を鍛えるために剣道を練習します。
Many people practice _kendo_ to train their mind.
ABC train「～を鍛える」。名詞形はtraining「トレーニング」。

1863
○ 剣道では竹刀と呼ばれる竹の刀が使われます。
Bamboo swords called _shinai_ are used in _kendo_.

1864
○ 空手は護身術として発展しました。
Karate developed as the art of self-defense.

Chapter 6 テーマ別の会話

12 日本の紹介 [ポップカルチャー]

1865
○ 日本の漫画は世界中で人気があります。
Japanese *manga* is popular worldwide.

worldwide は all over the world や around the world で言い換え可能。

1866
○ 日本のアニメは国際的に評価されています。
Anime has an international reputation.

reputation「評判、評価」

1867
○ カラオケは日本各地で楽しまれています。
People enjoy *karaoke* across Japan.

1868
○ カラオケは同僚たちとのコミュニケーションの手段です。
***Karaoke* is a way of communication among colleagues.**

1869
○ 地域のマスコットキャラクターは「ゆるキャラ」と呼ばれます。
Local mascot characters are called "*Yuru-kyara*".

1870
○ 若者の間ではコスプレが人気で、好きなキャラクターになりきります。
Young people like cosplay as it represents their favorite characters.

1871
○ 男の子はテレビの特撮ヒーロー番組を観るのが大好きです。
Boys love watching special effects programs featuring superheroes on TV.

special effects「特撮」

1872
○ ビジュアル系ミュージシャンは女性的な化粧をし、華やかで暗い色の衣装を着ます。
Visual-kei musicians wear women-like makeup and gorgeous dark costumes.

1873
大人も携帯ゲーム機で遊びます。
Even adults enjoy portable game players.

1874
画面上のバーチャルアイドルが10代の若者に人気です。
Virtual pop stars on screen are popular among teenagers.

1875
インターネットからデビューしたスターもいます。
Some pop stars made their debut through the Internet.

1876
日本製のおもちゃやフィギュアは高品質です。
Toys and character figures made in Japan are of good quality.

1877
キャラ弁は弁当の一種です。キャラクターに似せて盛りつけられます。
***Kyaraben* is a kind of box lunch. It is decorated to look like a certain character.**

1878
しばしばテレビドラマから流行語が生まれました。
Buzzwords often originated from TV dramas.
　ABC　buzzword「流行語、決まり文句、キャッチフレーズ」

1879
絵文字は日本の携帯電話から生まれました。
***Emoji* was born from Japanese mobile phones.**

1880
ほとんどのインターネット利用者は匿名を使います。
Most Internet users are anonymous.
　ABC　anonymous「匿名の」

テーマ別の会話　12　日本の紹介[ポップカルチャー]

DISC 3 - 13

Chapter 6 テーマ別の会話

13 日本の紹介 [食生活]

1881
納豆を食べたことがありますか？ 納豆は大豆から作られます。
Have you ever tried *natto*? It is made of soy beans.

1882
日本酒はお米から作られます。
***Sake* is made from rice.**

ABC sake「日本酒」。Japanese sake とも言う。

1883
梅干しはおにぎりによく使われます。
People often place *umeboshi* in rice balls.

1884
どの料理にもごはんとみそ汁がつきます。
Every plate comes with rice and *miso* soup.

1885
衣が上手な天ぷらを作るカギです。
A batter coating is the key to successful *tempura*.

ABC batter coating「(天ぷらなどの) 衣、衣用の生地」

1886
すしは江戸時代から日本人に愛されています。
Japanese people have loved *sushi* since the *Edo* period.

1887
回転ずし屋さんは安いです。
***Sushi*-go-round restaurants are inexpensive.**

ABC *sushi*-go-round「回転ずし」

1888
お好きなおすしの皿をおとりください。
You can take your favorite *sushi* plates.

1889
○ わさびは殺菌効果があると言われます。

It is said that *wasabi* kills germs.

ABC germ「細菌、病原菌」

1890
○ そばを食べるときは音を立てても大丈夫です。

It's okay to make noise when you eat *soba*.

📢 海外では音を立てて食べる行為はNGとされる。

1891
○ 多くの日本人はすき焼きを溶き卵にひたして食べるのが好きです。

Most Japanese like to dip *sukiyaki* in raw egg.

ABC raw eggは生卵のこと。溶き卵はbeaten eggとも言う。

1892
○ 和食は無形文化遺産に登録されました。

Japanese cuisine was regarded as an Intangible Cultural Heritage.

1893
○ 食事の前には「いただきます」と言います。

We say "*itadakimasu*" before eating.

1894
○ コンビニでお弁当が買えます。

You can buy *bento* boxes at a convenience store.

1895
○ お好み焼きは日本のパンケーキのようなものです。

***Okonomiyaki* is a kind of Japanese pancake.**

1896
○ 日本では給食があります。

In Japan, we have school lunches.

Chapter 6 テーマ別の会話

14 日本の紹介 [生活習慣]

1897
○ 家に上がる前には靴を脱ぎます。
We take off our shoes before entering a house.

1898
○ たたみはわらでできた床用のマットです。
Tatami is a floor mat made of straw.
ABC straw「わら、麦わら」

1899
○ 日本人は敬意を表するためにおじぎをします。
Japanese people bow for expressing respect.
ABC bow「おじぎをする、腰をかがめる」

1900
○ 敬語は尊敬語と謙譲語のように、いくつかの種類にわかれます。
Honorific expressions are classified into some types, such as respectful and humble language.

1901
○ 日本では、チップは必要ありません。
There is no need to tip in Japan.

1902
○ 日本語の4は死と同じ音なので、嫌う人もいます。
The Japanese pronunciation of 4 is the same for the word death, so some dislike that number.

1903
○ 銭湯は地域住民の憩いの場です。
A public bathhouse is an oasis for local people.

1904
○ 体を洗ってから湯船に入ってください。
Wash yourself before getting into the bath.

1905
今では着物はめったに着ません。
Nowadays we rarely wear *kimono*.
> rarely「めったに〜ない」

1906
こどもは両親と同じ寝室で眠ります。
Children sleep with their parents in the same room.

1907
お正月に、こどもはお年玉と呼ばれる特別なおこづかいをもらいます。
On New Year's Day, children get special pocket money called *otoshidama*.

1908
日本にはいたるところに自動販売機があります。
Vending machines are everywhere in Japan.
> You can find vending machines everywhere in Japan.

1909
花粉症予防のために多くの人がマスクをします。
Many people wear masks to protect themselves from pollen.
> pollen「花粉」

1910
寝るときに布団を使う人もいます。
There are people who use *futons* when they sleep.

1911
このトイレは自動的に水が流れます。
This toilet flushes automatically.
> flush「(水で) 洗い流す」。カメラのフラッシュはflashなので注意。

1912
満員の通勤電車では身動きがとれなくなります。
People cannot move at all in a packed commuter train.
> commuter train「通勤電車」。commute「通勤する」

Chapter 6 テーマ別の会話

15 おもてなし [観光名所の案内①]

1913
○ 日本へようこそ。
Welcome to Japan.

1914
○ 日本へ来られたのは初めてですか?
Is this your first visit to Japan?

1915
○ どこへ行きたいですか?
Where would you like to visit?

1916
○ この付近には、旅行者の目を引くものがたくさんあります。
There are many tourist attractions in this area.

1917
○ 訪れる価値はありますよ。
It's definitely worth visiting.

ABC <worth +動詞の ing 形>「〜する価値がある」

1918
○ 地元の料理を試してみますか?
Would you like to try some local food?

1919
○ さい銭箱に小銭を投げてください。
Throw change in the offering box.

1920
○ おみくじは占いみたいなものです。ちょっと引いてみましょう。
***Omikuji* is like fortune telling. Let's have a go.**

ABC fortune telling「占い」

1921
日光東照宮は徳川家康をまつっています。
Nikko Toshogu Shrine is dedicated to Tokugawa Ieyasu. be dedicated to ...「～に捧げられている」

1922
出雲大社には縁結びのご利益があります。
When you visit Izumo Taisha, you'll receive good luck with your marriage.

1923
雷門にはとても大きなちょうちんが下がっています。
Kaminarimon Gate has a very big paper lantern.

1924
東京スカイツリーの高さは634メートルです。
Tokyo Skytree is 634 meters high.
high を tall にしても OK。

1925
銀座には高級ショッピング街があります。
In Ginza, there is an upscale shopping district. upscale「上流階級向けの」。shopping district は shopping area でも OK。

1926
東京タワーは夜には美しくライトアップされます。
Tokyo Tower is brightly lit up at night.
lit は light「明るくする」の過去分詞形。

1927
東京駅は1914年に開業しました。
Tokyo Station was opened in 1914.

1928
渋谷は駅前のスクランブル交差点が有名です。
Shibuya is famous for its scramble crossing in front of the station. be famous for ...「～で有名である」

Chapter 6　テーマ別の会話

16 おもてなし ［観光名所の案内②］

1929
○ 竹下通りは10代の若者のファッションの聖地です。
Takeshita Street is a fashion mecca for teenagers.

1930
○ さまざまな趣きの洋服店が数多くあります。
There are many clothing stores for different tastes.

1931
○ 魚市場では新鮮な刺身が食べられます。
We can have fresh raw fish at a fish market.
　ABC　rawが「生の」という意味なので直訳すると「生魚」。

1932
○ マグロの競りは見逃せません。
You can't miss the tuna auction.

1933
○ 鎌倉大仏は屋外に脚を組んで鎮座しています。
The Great Buddha of Kamakura sits with his legs crossed outside.

1934
○ 姫路城は美しい白い壁で知られています。
Himeji Castle is best known for its beautiful white wall.

1935
○ 箱根は温泉で有名です。
Hakone is famous for its hot springs.
　ABC　hot spring「温泉」。springには「泉、湧水」という意味がある。

1936
○ ここから富士山の景色が楽しめます。
You can enjoy the view of Mount Fuji from here.

1937
○ 登山の時期は7月から8月です。

The climbing season is from July to August.

1938
○ 京都には古いお寺や神社がたくさんあります。

Kyoto has many old temples and shrines.

> ABC 清水寺なら*Kiyomizu-dera* Temple、八坂神社なら*Yasaka-jinja* Shrineなどと言う。

1939
○ 伏見稲荷には鳥居が数え切れないほどあります。

There are too many *torii* gates at *Fushimi Inari* to count.

1940
○ 奈良は日本の古都です。

Nara is an ancient capital of Japan.

1941
○ 奈良の鹿は神社の神様の使いとして保護されています。

The deer in Nara are protected as messengers of the shrine gods.

1942
○ 伊勢神宮は古くから「一生に一度はお伊勢参り」と言われています。

There is an old saying that we should pay a visit to *Ise Jingu* at least once in our lifetime.

1943
○ 厳島神社では、浜辺に立つ巨大な赤い鳥居を見ることができます。

At *Itsukushima* Shrine, we can see a massive red *torii* gate on the seashore.

1944
○ 沖縄では、美しい海の眺めを見ることができます。

In Okinawa, we can witness the beautiful sight of the ocean.

Chapter 6　テーマ別の会話

17 おもてなし ［観光客の接客①］

1945
○ 当旅館へようこそ。
Welcome to our inn.
ABC　inn「旅館、宿屋、小ホテル」

1946
○ ご予約はお済みでしょうか?
Do you have a reservation?

1947
○ こちらの用紙にご記入いただけますか?
Would you fill out this form, please?
用紙すべてに記入する場合はfill out、空欄など一部であればfill inを使う。

1948
○ パスポートのコピーをとらせていただけますか?
May I make a copy of your passport, please?

1949
○ お疲れでしょう。
You must be tired.

1950
○ お困りですか?
Do you need any help?

1951
○ かしこまりました。少々お待ちくださいませ。
Certainly. Just a moment, please.

1952
○ お客様のお部屋は3階です。
Your room is on the third floor.
ABC　序数を入れて階数を表す。

1953
お荷物をお預かりいたしましょうか?
Shall I keep your baggage?

1954
貴重品はございませんか?
Are there any valuables in your bag?

ABC valuable は形容詞で「価値の高い、貴重な」という意味だが、名詞で「貴重品」の意味もある。

1955
浴室のアメニティーはすべて無料です。
All the bathroom amenities are free of charge.

All the bathroom amenities are free.

1956
露天風呂もご利用いただけます。
You can also use the open-air bath.

1957
ランドリーサービスは有料となっております。
The laundry service is available for a fee.

ABC for a fee「有料で、有償で」

1958
どういったおみやげをお求めでしょうか?
What kind of souvenir would you like?

1959
木製のこちらの人形はいかがですか? これはこけしと呼ばれます。
How about this wooden doll? It is called *kokeshi*.

1960
ごゆっくりご覧ください。
Take your time.

Chapter 6　テーマ別の会話

18 おもてなし ［観光客の接客②］

1961
○ クレジットカードがご利用になれます。
We accept credit cards.

1962
○ こちらに署名をお願いできますか?
Could you sign here?

1963
○ 現金のみお取り扱いしております。よろしいでしょうか?
We only take cash. Is that OK?

1964
○ こちらは消費税込みのお値段です。
This price includes tax.
　Tax is included in this price.

1965
○ 免税制度をご利用されますか?
Do you want to shop tax-free?

1966
○ 食べられないものはございますか?
Is there anything you can't eat?

1967
○ お食事をお楽しみいただけましたら幸いです。
We hope you enjoyed your meal.

1968
○ 追加のワイン代はお部屋につけさせていただきます。
The fee for the additional wine will be charged to your room.　charge「〜につける、つけ払いにする」

18 おもてなし[観光客の接客②]

1969
○ 最寄りのコンビニは当ホテルのはす向かいにございます。

The nearest convenience store is <u>diagonally</u> across from our hotel.

diagonally「斜めに、対角線的に」

1970
○ あちらです。

Right over there.

1971
○ このパンフレットに周辺地図が載っています。

This brochure contains the surrounding map.

1972
○ チェックアウトなさいますか?

Are you ready to check out?

Are you checking out?

1973
○ 空港へは1時間おきにバスが運行しております。

There are hourly buses to the airport.

There is a bus to the airport every hour.

1974
○ 残りの日本滞在をお楽しみください。

Please enjoy the rest of your stay in Japan.

1975
○ 帰りのフライトをお楽しみください。

Have a pleasant flight back home.

「気をつけてお帰りください」はHave a safe flight back home.と言う。

1976
○ またのお越しをお待ちしております。

We look forward to your next visit.

Chapter 6 テーマ別の会話
19 社会問題

1977
○ テロの目的は何なのだろうか?
What is the purpose of terrorism?

1978
○ 死刑制度の是非に関して多くの議論が行われている。
There has been a lot of discussion on whether the death penalty is right or wrong.

1979
○ 学校におけるいじめの認知件数は、年々増加している。
The number of recognized bullying cases in schools is increasing year by year.
ABC bullying「いじめ」

1980
○ メディアリテラシーを身につけることは、どの世代にも必要だ。
It is necessary for any generation to acquire media literacy.

1981
○ 彼は過労死だった。
He died of overwork.
ABC die of ...「~(が原因)で死ぬ」。overwork「過労」

1982
○ 都市部への若者の移動によって、地方の過疎化が進んでいる。
Transfers of young people to urban areas are causing a population decrease in rural areas.

1983
○ 臓器提供者として意思表示します。
I will declare my intention of being an organ donor.
ABC organ donor「臓器提供者」

1984
○ 最近、汚職のニュースが多いね。
Currently there is a lot of news about corruption.
ABC corruption「汚職」

276

1985
将来、年金がもらえるか心配だ。

I'm anxious about whether I can receive my <u>pension</u> in the future.

ABC pension「年金」

1986
不景気のため、失業率は3パーセントに上昇した。

The unemployment rate went up to 3 percent because of the <u>recession</u>.

ABC recession「不景気」

1987
個人情報は慎重に扱うべきだよ。

You should treat your personal information <u>with care</u>.

ABC with care「大切に、注意して」。carefullyと同義。

1988
その問題を解決するためにわたしたちは何をするべきなのか？

What should we do to solve the problem?

1989
ネット依存症は睡眠障害の原因だと考えられている。

Internet addiction is considered a cause of <u>sleep disorders</u>.

ABC sleep disorder「睡眠障害」

1990
二酸化炭素排出量の削減には多くの国の協力が必要だ。

To reduce carbon dioxide emissions, the cooperation of many countries is necessary.

1991
飲酒運転するな。

Don't drink and drive.

1992
覚せい剤の使用は法律によって禁止されています。

The use of stimulant drugs is prohibited by law.

Chapter 6 テーマ別の会話
20 数字・単位

DISC 3 - 21

1993
○ ちょっと待って。
Give me a second.
a second「1秒」。「1秒ください」の意味が転じた「ちょっと待って」の慣用表現。

1994
○ そんなの簡単だよ。
It's a piece of cake.
a piece of cake「ケーキ1切れ」。「簡単なこと」を表す慣用表現。

1995
○ きみのことをいつも考えてるよ。
I'm thinking about you twenty four-seven.
twenty four-seven「24時間 / 7日間」。転じて「いつも、四六時中」の慣用表現。

1996
○ 2時45分です。
It's a quarter to three.
quarterは「4分の1」→「15分」。toは「〜前」の意味。「3時15分」はquarter past [after] three.

1997
○ ハーフマラソンの距離は13.1094マイルです。
The distance of a half marathon is thirteen point one zero nine four miles.

1998
○ 1ポンドは約0.45キロだよ。
One pound is about zero point four five kilograms.
pound (s)「ポンド」は重量の単位。記号はlb (s) で表される。

1999
○ ジーンズ2着で100ドルはお買い得だと思うよ。
I think it's a good deal that you get two pairs of jeans for a hundred bucks.
buck(s) はdollar(s) のくだけた表現。

2000
○ 今日の最高気温は摂氏25度です。華氏で言うと77度です。
Today's high is 25 degrees Celsius. That's 77 degrees in Fahrenheit.
Celsius「摂氏」、Fahrenheit「華氏」

逆引きさくいん Index

言いたいフレーズを日本語から探せる逆引きさくいんです。単語から逆引きできるので、言いたいことが見つけやすくなります。

あ

相変わらず	15
あいさつ	14、16、17、18、19
相性	27、80
あいづちを打つ	24
アイロンをかける	142
会う	17、18、39
秋	65、71、72
飽きる	37
アクセサリー	192
あくび	84
憧れる	69
朝ごはん	86
朝寝坊をする	140
朝の生活	86、88
朝日	57
預かる	159、273
暖かい	54、65、67
暑い	54、64、65
あとをつける	18
アニメ	237、262
アプリ	255
雨	53、55、65、88
謝られたとき	23
謝る	22
洗いもの	135
洗う	86、137、142、143、266
嵐	57、58、59
ありえない	38
アルバイト	99
アレルギー	180、207
安心	40
案内	117、159、170、177、268、270

い

意外	217
怒り	38
育休	128、246
育児	246、248
いくら？	46、75、109、150、151、157、166、173、186、191、193、196、199、218
生け花	259
意見	120
医者	204
忙しい	15
痛い	38、42、204、205、206、207、253
一眼レフ（カメラ）	168、234
一服する	127
いつまで〜	150
異動	105
田舎	249
いびき	84
いや	35、53、208
癒やされる	217
イライラ	38
祝う	74、75
インターネット（ネット）	149、160、162、166、239、254、263、277

う

浮世絵	260
うそ	24、28
歌う	221
移る	119、154
海	70、150、222、271
占い	87、268
売り上げ	119、120
うるさい	26、161
うれしい	17、21、28、66
浮気	245
うわさ	77、97
運がいい（ついてる・ラッキー）	28、87、91
うんざり	36、52
運転	62、277

え

エアコン	150、161
映画	30、136、212、213、216、236
駅	58、172、176
SNS	256
エステ	253
延泊	165

279

お

おいしい	126、133、178、184
お祝い	74
応援する	226
往復チケット	148、173
お買い得	192、278
おかげ	20
おかわり	88、133、185
起きる	57、84、139、164
送る	199
遅れ	153
遅れる	22、74、91、100、140、256
起こす	85、138
怒られる	92
怒る	38
おごる	20、178
おすすめ	167、178、182、197、232、235
遅くなる	22、74、90、115
おそろい	193
オタク	237
おだてる	31
落ち込む	36
おつり	175、187
おなかいっぱい	134、185
おなかぺこぺこ	126
おみやげ	71、196、198、199、273
おみやげを送る	199
おみやげを買う	196、198
おむつ	248
おもしろい	30、97、184、237
お湯	161
泳ぐ	222
お礼	20、21
お礼を言う	20
お礼を言われたとき	21
おわび	22、23
音楽	138、235、258
音声ガイド	171
音痴	176、221

か

海外旅行	148
会議	43、118、120、129
外見	78、80
介護	128、249
会社	46、104、129、196、198
海水浴場	70
（ペットを）飼う	238
画家	30、260
カギ	88、161、264
確認	61、111、115、125、163
確率	55
傘	53、58、90
火事	61
ガス欠	200
風	52
家族	16、19、48、128
肩こり	253
肩身が狭い	43
がっかり	36、37、216
学校	68、276
家庭教師	99
悲しい	39
可能	129、153、163、173
カフェ	99、179、215
歌舞伎	258
構わない	21
髪	52、137、138、183、252
髪型	31、89、252
カミナリ	53
カメラ	168、234
辛い	133、180
カラオケ	96、221、262
かわいい	68、78
歓迎会	68、98
観光	156
観光案内所	170
観光客	167
観光地	167
幹事	68
感じ	14、34、149、160、193、217、233
感じる	54、60
感想	184、216
乾燥	52、88、250
簡単	121、173、278
感動	215、217
カンニング	94
がんばる	32、101、102、103、127
完璧	31、190

き

着替える	130、248
気がする	176
帰国	208
起床	84
季節	64、66、72
期待以上	160
期待する	33、216
帰宅	130
汚い	44、143
きつい	130、188、191、224
機内	152、154、198
気に入る	21、215、217
気にする	23
気分	86、126、144、180、253
きまりが悪い	43
気持ち(が)いい	54、88
気持ち(が)悪い	44、155
キャンセル	124、150、151
キャンプ	56、225
救急車	62
休憩	126、224
休日・休暇	128、140、143、144
給食	265
求職中	46
給料	109
狂言	258
行事	66、68、70、72
教室	92、93
きょうだい	48
興味がある	122、170
嫌い	26、27、54、218
義理	48、66
気をつける	23、203、224
近況を尋ねる	16
禁止	66、199、222、277
緊張する	41

く

具合	42
空気	52、88
空港	152、154、156、175、198、275
偶然会ったとき	18
薬	151、155、195、207
くたくた	139、167
口コミ	149
靴	31、90、190、266
クビ	103
くもり	52、55
悔しい	227
クリーニング	142
苦しい	42
車	62、143、200、201
クレーム	240

け

警察	200、203
携帯(電話)	85、168、213、255、263
警報	59、60
契約	122、124
ゲーム	237、263
ケガ	62、200
景色	30、163、218、270
月給	109
結婚	48、74、75、244
月食	57
下痢	204
けんか	97
元気	14、15、16、17、19、32
検索	254
剣道	261

こ

恋する	237
航空券	148
航空便	122、199
交通事故	62
交通手段	172、174
交通トラブル	200
肯定	34
興奮	33
五月病	69
国際電話	165
コスパ	127
コスプレ	237、262
コスメ	250
骨折	63
好み	26
困る・困っている	42、107
ゴミを出す	87
怖い	41、64、98

婚活パーティー	244	〜したい	39、41、47、71、73、87、97、107、118、124、150、151、152、157、163、165、168、171、178、192、218、232、233、239、244
コンサート	214		
コンタクト（レンズ）	89		

さ

サークル活動	98
災害	58、60、62
採決	120
最高	28、31、135、212、216、220、257、278
最高気温	278
サイズ	124、188、189、190、193、240、251
再送する	115
最低気温	55
探す	170、188、193、196、250
サッカー	228
茶道	258、259
さびしい	39
サボる	93
寒い	54、55、65
サラリーマン	46
参加する	71、171
産休	128、246
残業	101
残暑	71
三振	229
賛成	34
残念	36、96、188
散歩	87、135、236

し

死	249
幸せ	20、28、74、75、244
シートベルト	154
四季	64、65
時給	99
しける	183
事故	62、63、200
自己紹介	45、46、47、48、102
仕事	16、29、31、33、37、46、100、101、105、127、144
時差	149
地震	60
〜しそう	41、53、91

〜したかった	148
〜したくない	70、208
試着	188、239
失業中	46
失敗	41
質問	106、107、119、120、121、125
指定席	173
〜しておけばよかった	166
〜してほしくない	208
〜してみる？	148
自撮り	168
〜しない？	70、131、148、181、225
〜しないといけない	75、87、102、139
支払い	123、125、186
持病	253
シミ	143、250
ジム	232、233
じめじめ	54
社会問題	276
写真	160、168、169、234
シャトルバス	159
シャワー	137、161
就寝	138、139
渋滞	62
充電する	85、144
週末	33、101、231
授業	92、93、96
塾	96
宿題	71、92
受注	122、124
出産	246
出社	100
出身地	47
趣味	27、234、236、237、238
〜しよう	60、61、70、71、72、101、131、208
常温	198
消火器	61
昇給	104
昇進	75、104、105
冗談	25
消防車	61

賞味期限	132	生理中	207
ジョギング	231	セール	189、194
食あたり	205	席（座席）	153、154、155
職業	46	セキュリティーチェック	153
食事	178、180、182、184、186、265	セクシー	80
食生活	264	接客	272、274
女子会	97	接戦	227
しょっぱい	184	節約	109
ショッピング	188、190、192、194、239	専攻	93
新幹線	71	洗車をする	143
信号無視	200	洗濯をする	142
人事	102、104	銭湯	266
心配する	40、277		
新聞	87、154		

す

水族館	219
スーツケース	151、157、206
好き	26、27、72、136、213
好き・嫌い	26、27、72、133、136、138、188、192
スキー	230
すごい	30、31、227
すし	264
涼しい	54
頭痛	195、205、207
スーパー	88、194
スタイル	27、78
素敵	31、48、74、192、252
スノーボード	230
すばらしい	30
スペル	158
スポーツ観戦	226
スマートフォン	254
住む	47
住まい	47
相撲	261
すり	203
〜するべきだ	277
〜するべきだった	225

せ

性格	27、76、78、80
生活習慣	266
請求	122、124
成績	95

そ

〜そう（に見える）	34、66、126、136
掃除をする	143、161
相談	106、107、108
送別会	103
卒業式	67
そろそろ（〜する時間）	90

た

ダイエット	127、251
代休	129
退屈	217
体型	79
滞在（する）	156、165、275
退社	101、111
大丈夫	23、32、93、141、148、153、154、158、169、183、186、198、229、265
退職	103
体調	97
体調不良	100、204、206
台風	58、59
たいへん	25、247
太陽	57
タクシー	163、174、175、177、187
ただ（無料）	194
竜巻	59
楽しい	29、80、216、225
楽しみ	33、97、216
楽しむ	72、274
だらだらする	144
誰が〜	226
単位	94、278
誕生日	45、74、97

担当者	112、240	転勤	68
		典型的な	46
ち		伝言	111
治安	148	電車	58、91、172、173、202、203、267
チェックアウト	159、202	転職	104
チェックイン	152、158、159	転送する	115
違う	35、160、174、183、188、189、197、240	伝統芸能	258、260
地下鉄	58、172、203	電波	113、255
チケット	166、172、214、218	電話	102、110、111、112、113、165、179、255、263
遅刻する	84、91		
チップ	186、187、266	**と**	
注意する	60	トイレ	154、163、213、267
中毒	27	搭乗券	153
注文	122、123、124、180、181、182、183、184	搭乗手続き	152、153
		盗難	203
調子	14、16、32、44	盗難届	203
調子に乗る	190	動物園	174、219
頂上	57、224	盗塁	229
朝食	86、164	得意	222
		読書	72、138、235、236
つ		匿名	263
ツアー	148、170、171、215	どこ	153、164、172、174、195、225、268
追加料金	165		
ツイッター	257	登山	224、271
通学	91	どっち（どちら）が〜？	86、154
通勤	91、267	隣	194
疲れた	127、130、217、272	ドラマ	136、263
月	56、57、71	取引先を訪問する	116、117
勤める	46	トレーニング	232、233
つまづく	63		
つまらない	37	**な**	
詰まる	163	（〜が）ない	132
梅雨	64、69	眺め	166、271
つり	223	（列に）並ぶ	126、166、218
つわり	246	泣く	67、217
		なくす	161、202
て		夏	64、65
停電	58	夏休み	70、71
デザート	127、134	名前	45、110、116、158
手数料	122、125、157	何て〜！	219、224
テスト	94	何時から〜	171
手荷物	153	何時まで	159
テレビ	96、136、144、167		
天気	52、54、55、56、58、88、149、166		
天気予報	55、58、88		

に

似合う	189
匂い	138、160
苦手	80、213、218
虹	57
日常のあいさつ	14、15
日記	139
荷作り	151
日本語	155、171、180、204
荷物	151、152、157、159、175、273
荷物受取	157
入学式	129
入国審査	156
入社式	102
入場料	166
ニュース	75、87、136
入浴	137
妊娠	246
認知症	249

ぬ

盗まれる	203

ね

寝起き	85
寝癖	140
熱	204
ネットショッピング	239
寝不足	84、237
寝坊	84、140
寝ぼける	85
眠い	64、84、139
年収	109

の

能	258
飲みもの	117、185
乗り遅れる	91
乗り換え	172、173、198
乗り継ぎ	153

は

パーティー	72、75
パート	46
バーベキュー	70
吐き気がする	206
～泊	150
吐く	44
博物館	215
はげます	32
(～が) はじまる	218、247
走る	231
恥をかく	43
(～の) はず	33
バス	91、171、174、203、275
恥ずかしい	43
パスポート	148、152、203、272
パスワード	162
パソコン	114、254
肌トラブル	250
発送	123
発注	122、123、124、125
(～し) っぱなし	91
花火	71
鼻水	205
(～に) はまる	237
春	64
晴れ	55
歯を磨く	86、138
パンク	201
晩ごはん	90、130、131
晩酌	135
バンド	26、234、235

ひ

B&B	149
日当たり	57
(車に) ひかれる	200
ピクニック	224
飛行機	59
久しぶり	17、75
久しぶりの再会	17
美術館	166、215
びっくり	24
必見	167
否定	35
避難経路	61
日の出	57
日の光	88
肥満	79
日焼け	70、222

日焼け止め	222、250
病院	204
美容院	252
評判	212
披露宴	244
火をおこす	225

ふ

ファン	214、226
フェイスブック	169、256、257
部活動	98
服	27、67、78、89
二日酔い	86
フットサル	228
船便	199
不満足	36
冬	65
冬休み	66
ブラック（企業）	104
ブランチ	141
フリーランス	46、104
プレゼン（プレゼンテーション）	118、119、120、121
プレゼント	67、72、74
風呂	137、273
雰囲気	17、78、79、80、179

へ

ペース	231
ペット	238
部屋	57、61、158、159、160、161、163、165、202、272
勉強する	94
返金	240
返事・返信	107、115、256
返品	240

ほ

保育園	248
方向音痴	176
報告	106、107、108
忘年会	73
ボウリング	220
ボーナス	109
（ピントが）ボケている	168
ほこりっぽい	160
星	56、225
（〜が）ほしい	168、198
ほっとする	40
ポップカルチャー	262、263
ホテル	149、156、275
ほめる	31
盆栽	259

ま

マイル	159
待ち合わせ	214
間違い電話	112、113
間違う	97、112、113、125、176、187
待ちきれない・待ち遠しい	33、64、70、212
マッサージ	253
祭り	67、260
まつる	269
窓	93、160
マナーモード	255
間に合う	100、153、164
（道に）迷う	176、177
マラソン	231、278
満喫する	29

み

身支度	89
ミス	23
〜みたい	87、155、161
道案内	176、177
見積もり	122
ミニバー	160、165
名字	45

む

迎えに来る・行く	208、248
蒸し暑い	54
夢中	26
無理	27、35、42

め

名所	166、167、268、269、270、271
メール	19、111、15、256
メガネ	89、136
メニュー	126、127、180、185
免税・免税店	153、198、274
めんどくさい	37、66

も

モーニングコール	162
目的	118、156、276
目的地	152
物足りない	37
問題	114、123、162、277

や

野球	226、229
やけど	63
優しい	76、80
休み時間	96、97
休む	100、129、144
やせている	78
やせる	233、251
家賃	47
薬局	195
辞める	104

ゆ

遊園地	218
有休	129
夕食	131、132、133、134、135、178
有名	70、179、219、269、270
夕焼け	57
有料	273
雪	53、65
夢	33、139
許す	22、93

よ

容姿	78、79
(〜した) ようだ	157
要望を伝える	162、163
よかった	19、40
予算	118、119、150、196
よだれ	140
夜更かし	84
予約	149、150、158、166、170、171、179、253、272
よろしく	19

ら

ライン	257
落語	261
〜らしい	77
ランチ	126、127

り

離婚	245
流行語	263
両替	157
両替レート	157
料理	63、131、132、182、264、268
旅行	29、59、96、148、207、208、245

る

ルームサービス	162、164

れ

レストラン	141、167、178、185、202
連休	68
連絡	17、19、108、208、257

ろ

老後	249
録画する	136
路線図	172

わ

Wi-Fi	150、161、162
別れのあいさつ	19
別れる	97
和紙	260
忘れ物	90、202
忘れる	53、202
笑う	30
割り勘	186
割引	122、150、194

● 編著者紹介 ── メディアビーコン

語学教材に特化した教材制作会社。TOEIC、TOEFL、英検をはじめとする英語の資格試験から、子供英語、中学英語、高校英語、英会話、ビジネス英語まで、英語教材全般の制作を幅広く行う。出版物以外にも、大手進学塾の教材開発、eラーニング、英語学習アプリまで、多角的な教材制作を行っている。著書に『寝る前5分暗記ブック 英会話フレーズ集＜基礎編＞』『寝る前5分暗記ブック 英会話フレーズ集＜海外旅行編＞』『寝る前5分暗記ブック TOEICテスト単語＆フレーズ』『寝る前5分暗記ブック TOEICテスト英文法』（以上、学研プラス）がある。
Twitter：@media_beacon

● 英文校正 ──── スチュアート・ワーリントン
● イラスト ──── すぎやままり
● デザイン ──── 関根千晴、中村理恵（スタジオダンク）
● DTP ─────── 株式会社明昌堂
● CD制作 ───── 爽美録音株式会社
● ナレーション ── ドミニク・アレン　イーディス・カユミ　菅谷弥生　久保田竜一

いちばん最初のネイティブ英会話フレーズ2000
スーパーCD3枚付き

● 編著者 ───── メディアビーコン
● 発行者 ───── 若松　和紀
● 発行所 ───── 株式会社西東社
〒113-0034 東京都文京区湯島2-3-13
営業部：TEL（03）5800-3120　　FAX（03）5800-3128
編集部：TEL（03）5800-3121　　FAX（03）5800-3125
URL：http://www.seitosha.co.jp/

本書の内容の一部あるいは全部を無断でコピー、データファイル化することは、法律で認められた場合をのぞき、著作者及び出版社の権利を侵害することになります。
第三者による電子データ化、電子書籍化はいかなる場合も認められておりません。
落丁・乱丁本は、小社「営業部」宛にご送付ください。送料小社負担にて、お取替えいたします。

ISBN978-4-7916-2443-0